조나단 에드워즈의

점검

자신을 세밀히 살펴봄

SELF - EXAMINATION AND RESOLUTIONS
by Jonathan Edwards

This Korean edition ⓒ 2015 by Word of Life Press, Seoul, Korea
All rights reserved.
Printed in Korea.

조나단 에드워즈의 **점검**

ⓒ **생명의말씀사** 2015

2015년 3월 30일 1판 1쇄 발행
2024년 9월 25일   9쇄 발행

펴낸이 | 김창영
펴낸곳 | 생명의말씀사

등록 | 1962. 1. 10. No.300-1962-1
주소 | 서울시 종로구 경희궁1길 6 (03176)
전화 | 02)738-6555(본사)・02)3159-7979(영업)
팩스 | 02)739-3824(본사)・080-022-8585(영업)

기획편집 | 박미현
디자인 | 조현진, 최윤창
인쇄 | 영진문원
제본 | 다온바인텍

ISBN 978-89-04-16501-8 (03230)

저작권자의 허락 없이 이 책의 일부 또는 전체를
무단 복제, 전재, 발췌하면 저작권법에 의해 처벌을 받습니다.

조나단 에드워즈의
점검

자신을 세밀히 살펴봄

생명의말씀사

편집자 서문

건강을 지키려는 사람들은 자기 몸을 점검하고 단련합니다. 문제가 생기면 바로 처방을 받고 치료합니다. 몸의 건강도 그러할진대, 영혼의 건강은 어떤가요? 우리의 영혼은 어떤 상태에 있는지 점검해 보셨나요?

영혼도 건강하게 성장하려면 진단이 필요합니다. 영혼의 의사에게 가서 진단을 의뢰할 수도 있고, 스스로 점검하고 관리할 줄도 알아야 합니다.

영혼의 상태를 진단받기 위해 영적 대각성과 부흥을 이끈 영적 거장, 조나단 에드워즈를 찾았습니다. 미국의 대표적인 신학자로 불리며 냉철한 지성을 소유했던 조나단 에드워즈는 역사상 가장 놀라운 성령의 역사를 경험한 영의 사람이기도 했습니다. 그의 지성과 영성은 영적 대각성을 이끌고 사회 개혁까지 나아갔습니다. 말씀을 생활 속의 순종으로 이끌어내 삶을 변하게 하고, 이웃에게까지 영향을 미치도록 하는 힘. 조나단 에드워즈는 교회와 사회를 변화시킨 그 힘의 시작으로 '영혼의 자기 점검'을 권면합니다.

조나단 에드워즈의 진단은 먼저 부패한 죄성을 지적하는 것부터 시작합니다. 내 영혼의 썩은 부분을 도려내라는 것이지요. 아픕니다. 따갑기도 합니다. 듣기 거북해서 외면하고 싶기도 합니다. 어떤 이는 시대 상황도 다르고, 듣는 마음 밭도 달라 말씀을 먹어도 소화가 어렵다고 합니다.

하지만 조나단 에드워즈의 글을 읽으며 그가 설교하던 마음을 묵상해보았습니다. 그 당시 듣던 이들의 마음도 묵상해보았습니다. 무섭고 거북한 말은 외면하는 것이 사람의 본성입니다. 그러나 에드워즈의 설교를 들은 성도들은 하나님께 마음을 열었습니다. 그들의 죄를 회개하며 나아와 하나님께 삶을 헌신했습니다.

자기를 위해 목숨을 버린 그리스도의 사랑을 받아들였습니다. 그들을 영적 대각성으로 이끈 성령님의 역사가 지금 이 시대에도 적용될 수 있을지 궁금했습니다.

어린 아이가 잘못된 길을 가면 부모는 아이에게 혼을 냅니다. 하지만 그 견책의 바탕에는 아이를 유익하게 하려는 사랑의 마음이 있습니다. 아직 이성이 발달하지 못한 아이는 본능이 예민하여 무섭게 혼을 내는 말 뒤에 숨은 사랑의 마음을 직감적으로 느낀다고 합니다. 아이가 그 사랑을 느끼면 길을 돌이켜 부모를 따른다고 합니다. 하지만 아무리 부드럽게 말하고 잘해줘도 그 바탕에 사랑이 없다면 아이는 사랑 없음을 느끼고는 계속 어긋난다고 합니다.

문득 조나단 에드워즈가 전했던 메시지에 바로 그 아버지의 마음이 담겨 있다는 걸 깨달았습니다. 하나님께서는 자녀인 우리의 영혼을 유익하게 하려고 죄의 길에서 돌아서라고 외치십니다. 가지 말아야 할 길과 해야 할 일을 단호하게 선포하십니다. 악한 습관을 끊고 선한 삶을 위해 결단하라고 견책합니다.

조나단 에드워즈는 하나하나 지적하지만 바로 그 사랑의 마음을 잊지 않고 그 지침들을 우리에게 전달합니다. 왜 우리가 자신을 살펴야 하는지, 자신을 살피기 위해 필요한 것은 무엇인지, 그리고 그 마음을 결단으로 이끌어내는 데에 필요한 항목들까지 구체적으로 콕콕 짚어서 이야기합니다. 그러면서 하나님을 알고 자신을 알 때 신앙은 바른 방향을 찾게 될 것이라고 말합니다.

조나단 에드워즈의 때나 지금이나 우리를 잘못된 길에서 돌이켜 유익한 길에 머무르게 하려는 아버지의 마음은 동일합니다. 에드워즈가 소개한 점검 사항들을 주의 깊게 살펴보며 자신에게 적용했으면 좋겠습니다.

이 책은 조나단 에드워즈가 남긴 자기 점검에 관한 설교와 점검문을 모아 편집을 했습니다. 현대의 독자들이 지금의 삶에도 적용하며 돌아볼 수 있도록 언어를 다듬었으며, 본문에서 뽑아낸 점검 사항들을 체크표로 만들어 적용할 수 있도록 했습니다. 또한 조나단 에드워즈의 결심문을 수록하여 점검 후 결단하는 삶까지 나아갈 수 있길 바랐습니다.

귀 기울이고 마음을 쏟아 천천히 책을 읽으셨으면 좋겠습니다. 중간 중간 자신을 살피며 떠오르는 성찰의 글을 메모하셔도 좋습니다. 교회에서 함께 읽으며 서로가 서로를 살피고 격려하여, 이 믿음의 싸움을 포기하지 않고 나아가 지금의 어려움을 이겨 낼 커다란 영적 진보가 있기를 소망합니다.

목 차

편집자 서문　4

1부　자기 점검, 어떻게 할까?(원리)

1장　왜 영적 자기 점검이 필요한가?　12

2장　자신을 살펴 죄의 길에서 벗어나라　16

3장　죄를 깨닫지 못하는 원인을 파악하라　26

4장　죄의 자각을 돕는 방안을 실천하라　36

2부　구체적으로 성찰하기(성찰)

5장　주일과 교회를 거룩히 지키는가?　52

6장　은밀한 죄를 짓지는 않는가?　61

7장　이웃을 섬기고 사랑하는가?　64

8장　가족을 아끼고 사랑하는가?　78

3부 점검하고 결단하라!(실행)

9장 자기 성찰에 대한 고민과 답변 92

10장 영적 성장을 돕는 자기 점검표 102

11장 내 영혼의 유익을 위한 결심문 112
  (조나단 에드워즈의 70가지 결심문 수록)

마무리 글 믿음의 경주를 시작하는 이들에게 128

SELF - EXAMINATION AND RESOLUTIONS

1부 원리

자기 점검, 어떻게 할까?

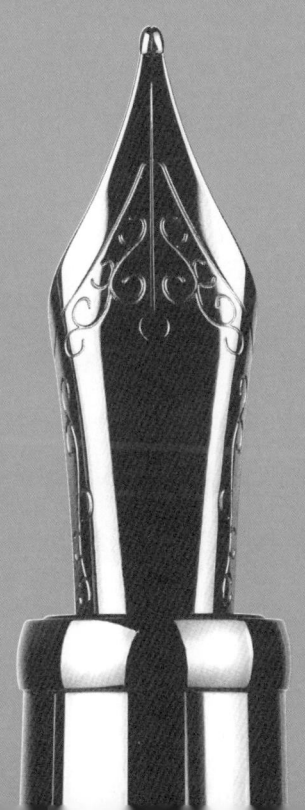

1장

왜 영적 자기 점검이 필요한가?

"하나님이여 나를 살피사 내 마음을 아시며 나를 시험하사 내 뜻을 아옵소서 내게 무슨 악한 행위가 있나 보시고 나를 영원한 길로 인도하소서"(시 139:23, 24).

하나님은 모든 것을 아시고, 아주 작은 부분까지 지켜보십니다. 시편 139편의 저자인 다윗은 바로 이러한 하나님의 전지하심을 묵상합니다. 그는 "(하나님이) 내 혀의 말을 알지 못하시는 것이 하나도 없으시니이다"라고 말하면서 하나님은 멀리서도 자신의 작은 몸짓과 행동, 마음의 생각까지 온전히 아신다고 고백합니다. 또한 다윗은 하나님을 피해 도망치거나 숨을 수도 없다고 하였습니다. 하늘에 올라가거나 혹은 지옥에 숨거나, 바다 끝까지 달아난다 해도 하나님이 거기 계실 것이라고 말합니다. 흑암 속에 몸을 숨겨도 결과는 마찬가지입니다. 왜냐하면 하나님 앞에서는 어둠도 빛과 같기 때문입니다. 다윗이 어머니의 태중에 있을 때에도 하나님은 그를 알고 계셨습니다. 15, 16절에서 "내가 은밀한 데서 지음을 받고 땅의 깊은 곳에서 기이하게 지음을 받은 때에 나의 형체가 주의 앞에 숨겨지지 못하였나이다 내 형질이 이루어지기 전에 주의 눈이 보셨으며 나를 위하여 정한 날이 하루도 되기 전에 주의 책에 다 기록이 되었나이다"라고 말합니다.

그리고 하나님이 반드시 악인을 멸하실 거라는 선포가 이어집니다. 이는 하나님의 전지하심에 따른 필연적인 결과이기도 합니다. 왜냐하면 하나님은 악인들의 사악함을 다 아시고, 그분 앞에서는 어떤 죄도 숨길 수가 없기 때문입니다.

마지막으로 다윗은 하나님께 자기를 살피고 시험해 달라고 고백합니다. 또 자신 안에 무슨 악한 행위가 있는지 보시고 영원한 길로 인도해 주시기를 간구함으로써, 만물을 살피시는 하나님의 눈을 묵상한 시편 139편을 마무리합니다.

이 말씀에서 우리는 세 가지를 생각할 수 있습니다.

첫째, 시편 139편에서 다윗은 무엇을 구했는가.

다윗이 구한 은혜는 하나님께서 자신을 살펴주시는 것이었습니다. 그는 "하나님이여 나를 살피사 내 마음을 아시며 나를 시험하사 내 뜻을 아옵소서"라고 기도했습니다.

둘째, 다윗이 드린 기도의 의미는 무엇인가.

다윗은 하나님께서 "내게 무슨 악한 행위가 있나 보시"길 원했습니다. 이 말은 하나님이 자기에 대해 모르는 것이 없도록 잘 살펴보시라는 의미가 아니었습니다. 그는 이미 하나님이 모든 것을 아신다고 고백했으니까요. 하나님이 다윗을 이해하기 위해 그를 살피실 필요는 없었습니다. 다윗은 2절에서 하나님이 멀리서도 자기의 생각을 아신다고 말했습니다. 하나님 앞에서는 모든 것이 대낮처럼 환하게 드러나므로 그분은 만사를 아십니다. 그분은 일부러 가까이 다가와 애써 관찰하실 필요가 없습니다. 멀리서도 분명하게 모든 것을 보고 아시기 때문입니다.

따라서 자신에게 무슨 악한 행위가 있는지 살펴 달라는 다윗의 기도는 자기 스스로 죄를 깨닫게 해 달라는 의미를 담고 있습니다. 다윗은 모든 것을 드러내는 하나님의 빛으로 자신을 살펴봐 달라고 기도합니다. 그는 하나님께서 다윗 자신을 철저히 살펴

악한 것이 있는지 봐 주시길 원했던 것입니다. 성경은 이런 비유적 표현을 종종 사용합니다. 하나님의 말씀은 우리 마음의 생각과 의도를 드러내는데, 물론 말씀 자체가 그것을 직접 나타내는 건 아닙니다. 말씀은 우리의 마음을 조명하여 그 안에 있는 욕망과 유혹을 볼 수 있도록 도와줍니다. 성경에서 하나님이 때때로 사람들을 시험하신다고 말씀하는 것도 이 때문입니다. 하나님은 무언가를 더 캐내기 위해 사람을 시험하시지 않습니다. 그분은 사람이 스스로 자기 참 모습을 깨달을 수 있도록, 또는 다른 사람들에게 그 실상을 드러내기 위해 우리를 시험하십니다.

셋째, 다윗이 드린 기도의 목적은 무엇인가.

다윗은 하나님께서 자신을 "영원한 길로 인도"하시도록 자신을 살펴달라고 기도했습니다. 그는 일시적으로 모양새가 좋아 보이는 길을 구하지 않았습니다. 그는 현재의 평안과 고요함을 누리는 것에 그치지 않고, 모든 시험을 능히 통과해 영원토록 확신 있게 머물 수 있는 길을 원했습니다. 시편 1편 6절은 "악인들의 길은 망하리로다"라고 말씀합니다. 그러나 의인들의 길은 영원히 지속됩니다. 다윗이 걷기를 소망한 길은 항상 평화와 기쁨이 뒤따르며 늘 옳고 선하다고 인정된 길이었습니다.

2장

자신을 살펴 죄의 길에서 벗어나라

다윗은 자신의 참모습을 알기 위해 노력했습니다. 그래서 스스로를 살피며 자기 마음과 행위를 돌아본 것입니다. 하지만 그는 자신의 판단을 신뢰할 수 없었습니다. 자기 스스로도 미처 발견하지 못한 죄가 있을까 두려웠기 때문입니다.

그리하여 다윗은 하나님께 자신을 살펴봐 달라고 부르짖습니다. 이 간구를 여러 번 반복하여 기도했다는 점에서 그의 진심을 엿볼 수 있습니다.

"하나님이여 나를 살피사 내 마음을 아시며 나를 시험하사 내 뜻을 아옵소서" 다윗은 자신이 의식하지 못하는 반복적인 죄가 있는지 찾고 싶어 했습니다.

1. 현재 자신의 상태를 돌아보십시오. 죄에 머물러 있지는 않습니까?

우리 안에서 죄가 실제로 죽었는지, 아니면 구원자를 거부하며 죄를 짓고 있는 건 아닌지 아는 일은 무엇보다 중요하다고 사도 바울은 말했습니다.

"너희는 믿음 안에 있는가 너희 자신을 시험하고 너희 자신을 확증하라 예수 그리스도께서 너희 안에 계신 줄을 너희가 스스로 알지 못하느냐 그렇지 않으면 너희는 버림 받은 자니라"(고후 13:5).

거듭나지 않은 사람들은 모두 죄인으로 살아갑니다. 우리는 죄의 권세와 지배 아래 태어나고 죄 아래 팔렸기 때문에 회심하지 않은 자는 죄와 사탄을 섬기는 종이 될 수밖에 없습니다. 따라서 우리가 예수님을 믿고 변화되어 죄에서 떠나 거룩해지고 있는지, 아니면 여전히 악독이 가득하여 하나님의 법을 어기고 있는지 알아야 합니다. 이것은 매우 중요한 일입니다.

스스로가 경건하다고 생각한다면 그것이 정말 옳은 판단인지 분명히 확인해야 합니다. 만일 조금이라도 의구심이 든다면 그 문제가 해결될 때까지 안심해서는 안 될 것입니다.

"다 치우쳐 함께 더러운 자가 되고 선을 행하는 자가 없으니 하나도 없도다"(시 14:3).

이 말씀처럼 회심하지 않은 사람은 마음의 생각과 행실이 모두 악합니다. 그는 죄의 종이기 때문에 한두 가지 악행을 저지르는 데 그치지 않고 죄를 업으로 삼은 사람처럼 오직 악을 행합니다. 실제로는 악하기 그지없으면서 스스로 경건하다고 말하는 이는 위선자들입니다. 이들은 하나님 보시기에 더욱 부정하고 가증스럽게 여겨질 것입니다.

2. 자신의 행실을 살펴보십시오. 하나님을 거역하고 그분을 불쾌하시게 하는 습관이 있지는 않습니까?

당신이 거룩하신 예수님의 제자라면 그에 어울리는 삶을 살고 있는지 스스로 돌아봐야 합니다. 하나님의 빛을 거스르는 일은 없었습니까? 그분의 계명을 잊고 살지는 않았습니까? 은밀히 정욕을 채우는 행동이나 생각들을 일삼지는 않습니까? 이미 알고 있는 죄를 반복해서 짓지는 않습니까? 우리는 하나님께서 의롭게 여기실 수 없는 행동이나 습관이 있는지 점검해야 합니다. 율법적 의무와 원리를 잘못 생각하여 도리어 죄를 짓지는 않는지, 그리스도인에게 어울리지 않는 행동을 하지는 않는지, 그래서 하나님의 진노를 초래하진 않았는지 주의 깊게 살피고 신앙고백에 합당한 삶을 살아야 합니다.

이렇게 자신을 살펴야 하는 이유는 다음과 같습니다.

첫째, 하나님을 섬기는 일은 신중하고 성실히 해야 하기 때문입니다.

하나님을 섬기는 것은 우리 삶에서 가장 중요한 일입니다. 이는 곧 우리의 존재 목적이기도 합니다. 하나님은 우리의 섬김을 받기에 지극히 합당하시기 때문에 우리는 범사에 최선을 다해 그분을 받들어야 합니다. 하나님께서도 성경을 통해 분명히 말씀하셨습니다.

"오직 너는 스스로 삼가며 네 마음을 힘써 지키라 그리하여 네가 눈으로 본 그 일을 잊어버리지 말라 네가 생존하는 날 동안에 그 일들이 네 마음에서 떠나지 않도록 조심하라"(신 4:9).

"너희의 하나님 여호와께서 너희에게 명하신 명령과 증거와 규례를 삼가 지키며"(신 6:17).

"모든 지킬 만한 것 중에 더욱 네 마음을 지키라 생명의 근원이 이에서 남이니라"(잠 4:23).

"너희는 스스로 조심하라 그렇지 않으면 방탕함과 술취함과 생활의 염려로 마음이 둔하여지고 뜻밖에 그 날이 덫과 같이 너희에게 임하리라"(눅 21:34).

"그런즉 너희가 어떻게 행할지를 자세히 주의하여 지혜 없는 자 같이 하지 말고 오직 지혜 있는 자 같이 하여"(엡 5:15).

"스스로 부패하지 않도록 너희는 깊이 삼가라"(신 4:15, 16 참조).

위의 말씀처럼 하나님께서는 우리가 신중하고 조심스럽게 하나님의 뜻을 알고 지키기를 원하십니다. 그 모든 것을 부지런히 행하는 일은 곧 우리의 의무입니다. 우리는 항상 깨어서 주의 깊게 스스로를 살펴야 합니다. 만일 부주의 때문에 악한 행동을 하거나, 조심스럽게 자신을 살피지 않아서 죄를 깨닫지 못한다면 아무 변명도 할 수 없을 것입니다.

둘째, 우리가 죄 가운데 살면 하나님의 명예가 더럽혀지기 때문입니다.
그리스도인들이 덕이 있고 거룩한 일을 행한다면 이 땅에서 하나님 나라가 흥왕하게 됩니다. 뿐만 아니라 예수님을 모르는 자들에게 믿음의 본보기가 되며 죄인들이 죄를 깨닫게 할 수 있을 것입니다. 하지만 그리스도인이라고 자처하면서 여전히 죄에 머문다면 기독교의 모든 설교 말씀을 다 들려주어도 세상은 조금도 변화되지 않을 것입니다.

하나님의 영광은 마땅히 모든 이에게 인정되어야 합니다. 이를 위해 모든 그리스도인들은 하나님께 순종하기 위해 노력하고, 범사에 의롭고 거룩하게 살며, 늘 깨어서 엄격히 자기 자신을 살피고, 성경의 원칙대로 살아야 합니다. 자기 안에 죄가 있는지 점검하다가 혹시 잘못된 것이 보이면 고치기 위해 성실히 노력하고, 악은 어떤 모양이든지 버려야 합니다. 이렇게 살아가면 하나님께 큰 영광을 돌릴 수 있고, 세상에서 그리스도인들의 신앙에 대한 명분과 신뢰 또한 향상되어 주위 사람에게 경건한 삶을 독려할 수 있을 것입니다. 그리스도인의 올바르고 온전한 믿음이 왜곡되거나 훼손되지 않은 채 꾸준히 유지될 수 있다면 하나님을 거부하던 자들이 할 말을 잃고, 복음은 더욱 아름답고 탐스럽게 보일 것입니다.

하지만 현재 우리의 모습은 어떻습니까? 하나님의 영광을 위해 마땅히 자기를 돌아보고 신중히 살아야 하지만 자기 신앙을

빛내기는커녕 도리어 먹칠을 하고 있지는 않습니까? 마땅히 주의를 기울여 그리스도인답게 살고 있는지, 하나님을 분노하시게 하고 있지는 않은지 살펴야 하는데도 그렇게 살지 못하는 사람이 많습니다. 이런 사람들은 보기 흉한 행동으로 다른 이들까지 걸려 넘어지게 하고 원수에게 훼방할 빌미를 제공하고 있습니다.

셋째, 스스로를 살피는 일이 자신에게 유익하기 때문입니다.

죄를 지으면 누구보다 우리 자신이 가장 큰 해를 당하게 됩니다. 그릇된 행동을 더러 고친다 하더라도 끝내 죄를 버리지 못한다면 영원한 멸망을 피할 수 없을 것입니다. 죄는 이토록 증오스러운 것입니다. 인간에게 있어서 죄는 이 세상의 그 어떤 것보다 파괴적이며 우리가 받을 유익을 침해합니다. 죄로 인해 하나님을 불쾌하시게 한다면 우리 영혼은 병들 수밖에 없습니다.

자기의 행동이 얼마나 악한지 의식하지도, 생각하지도 않았다는 이유로 그 죄를 보지 못한다면 어떤 변명도 용납될 수 없을 것입니다. 죄라는 걸 알고서 죄를 짓는다면 당연히 그 책임을 감당해야 합니다. 모르고 지은 죄의 책임도 피할 수 없을 것입니다. 우리가 주의를 기울여서 자신을 시험하며 마음과 행위를 살폈다면 충분히 발견할 수 있었을 것이기 때문입니다. 죄의 길로 행하면서 성실히 자신을 살피지 않은 까닭으로 그 악을 깨닫지 못한다면 이를 용서받을 길이 없습니다. 이 때문에 우리는 늘 깨어 생각하고 끊임없이 자신을 돌아보아야 하는 것입니다.

죄악 속에 살면 하나님의 진노를 일으키고 우리 영혼은 죄의 굴레를 입습니다. 악한 길로 행하면 이 세상에서 큰 해를 당할 수밖에 없습니다. 죄는 하나님의 자녀가 누릴 수 있는 평안함을 박탈하고 우리에게 영혼의 고뇌와 어두운 고통, 슬픔을 경험하게 합니다. 죄는 고통과 슬픔의 근원이기 때문입니다.

죄를 지으면 내세뿐 아니라 이 세상에서도 하나님의 심판을 자초하게 되고 영원한 축복을 잃게 될 것입니다. 작정하고 고의로 죄를 짓지 않았다고 해서 안심해선 안 됩니다. 부패한 본성에 속아 부주의하게 모르는 죄를 짓더라도 마찬가지의 결과일 것입니다. 죄를 깨닫지 못한다면 하나님이 베푸신 은혜가 우리 안에 역사하는 데 방해를 받습니다.

사람들은 자기의 큰 이익이 걸린 문제를 처리할 때면 실수하지 않으려고 극도로 주의를 기울입니다. 무엇을 거래할 때면 사기를 당하지 않기 위해 신중을 기합니다. 거래를 안전히 이행하는지 서로가 눈을 부릅뜨고 지켜봅니다. 세상의 일들도 이러한데, 우리의 영혼의 이익이 걸린 문제를 처리할 때는 더욱 신중해야 마땅하지 않겠습니까?

넷째, 우리에게는 죄를 짓고자 하는 기질이 매우 다분하기 때문입니다.
인간은 죄를 지으려는 본능을 타고났습니다. 돌이 무게 때문에 아래로 떨어지려는 성질이 있는 것처럼 우리 영혼도 죄에 빠지려는 자연스런 성질을 지닙니다. 복음을 받아들인 사람이라고 해도 여전히 죄악의 길로 달려가려는 본성이 남아있을 것입니다. 그리스도를 영접한 순간 죄가 이미 죽었지만, 우리가 이 세상을 떠나기 전까지는 죄와 사망의 몸을 입고 있기 때문에 끝까지 죄의 본성과 싸워야 합니다. 인간은 온갖 종류의 정욕을 지니고 있으며 그릇된 길로 빠지려는 성향이 매우 강력합니다. 이러한 습성 때문에 자기 자신을 항상 엄격하게 살피지 않으면 본능처럼 또다시 죄를 지을 수밖에 없습니다.

죄는 느닷없이 우리를 엄습합니다. 사람은 쉽게 이끌리는 일은 무의식적으로 먼저 행동에 옮기려는 경향이 있기 때문에 언제라도 스스로를 배신할 수 있습니다. 게다가 이 세상은 온갖 모습으로 우리를 유혹합니다. 이를테면 도처에 끔찍한 덫이 설치된 곳을 지나는 것과 같은 형국입니다. 교활한 원수 마귀는 호시탐탐 기회를 노리며 온갖 책략과 술책을 동원해 우리를 곁길로 치우치게 만들어서 삼킬 준비를 하고 있습니다. 이에 대해서 바울은 "뱀이 그 간계로 하와를 미혹한 것 같이 너희 마음이 그리스도를 향하는 진실함과 깨끗함에서 떠나 부패할까 두려워하노라"(고후 11:3)라고 말했고, 베드로는 "근신하라 깨어라 너희 대적 마귀가 우는 사자 같이 두루 다니며 삼킬 자를 찾나니"(벧전 5:8)라고 주의를 당부하였습니다. 우리는 이 말씀들을 기억하며 스스로를 더욱 열심히 살펴야 합니다.

다섯째, 죄를 지으면서도 그 사실을 전혀 의식하지 않는 사람들이 많기 때문입니다.

다윗은 "자기 허물을 능히 깨달을 자 누구리요 나를 숨은 허물에서 벗어나게 하소서"(시 19:12)라고 기도했습니다. 여기에서 '숨은 허물'은 자신이 모르는 죄, 곧 자기 안에 있지만 의식하지 못하는 죄를 가리킵니다. 이 세상에는 하나님을 거역하며 살면서도 이에 대해 조금도 생각하지 않는 사람들이 이루 헤아릴 수 없이 많습니다. 그들은 이상하게도 이 문제에 관해서는 눈뜬장님이나 다름없습니다. 죄를 깨닫는 것은 매우 중요한 일이지만 그런 깨달음은 쉽게 얻어지지 않습니다. 그래서 날마다 자기를 살피는 훈련을 해야 합니다.

3장

죄를 깨닫지 못하는 원인을 파악하라

우리 안에서 죄를 발견하지 못하는 이유는 이를 판단할 만한 규칙이 부족하거나 분명하지 않기 때문이 아닙니다. 사실 하나님은 우리가 마땅히 해야 할 것과 절대로 하지 말아야 할 것을 자세히 가르쳐 주셨습니다. 하나님의 말씀을 통해 우리가 지켜 행해야 할 규칙을 제시하신 것입니다. 하나님은 죄에 대해 이미 알려 주셨고, 말씀의 빛을 우리에게 비추어 주셨지만 여전히 우리는 자기가 죄를 지었는지 아닌지 스스로 깨닫기가 어렵습니다.

많은 사람들이 하나님의 진노를 일으키는 삶을 살면서도 이를 의식하지 못하는 이유를 몇 가지 설명하면 다음과 같습니다.

1. 죄의 본성이 우리의 눈을 가리기 때문입니다

인간은 마음에 가득한 죄 때문에 생각까지 어두워졌습니다. 죄는 항상 어둠을 동반하기에 죄가 넘칠수록 마음이 어두워져 더욱 현혹되기 쉬워집니다. 바로 이런 이유로 우리는 스스로 악한 것이 있는지 살피기 어려워졌습니다. 하나님의 말씀이 분명치 않다거나 규범이 확실하지 않기 때문이 아니고, 빛이 희미하기 때문도 아닙니다. 물론 하나님의 빛은 우리 주위에서 밝게 빛나고 있습니다. 하지만 문제는 우리의 눈입니다. 죄로 인해 해로운 병에 걸린 눈은 어두워져 빛을 볼 수 없게 되었습니다.

죄는 속이는 성질을 띠고 있습니다. 따라서 죄의 지배를 받으면 마음의 성향과 의지가 속박되어 판단이 흐려지게 됩니다. 정욕에 사로잡히면 생각이 왜곡되어 정욕이 이끄는 대로 끌려갈 수밖에 없습니다. 죄는 인간의 의지와 가치관까지 장악합니다. 마음이 죄에 물들고 의지가 잠식된 사람은 죄가 즐거워 보이고, 생각까지 오염되어 죄를 옳은 것으로 간주하기에 이릅니다. 정욕이 인간을 지배하면 그릇된 행동을 부추기고, 의지를 사로잡은 후에는 세계관까지 뒤틀리기 마련입니다. 사람이 죄의 길을 걸어가게 되면 그 생각은 어두워집니다. 그래서 죄가 넘칠수록 마음과 생각은 점차 왜곡되어 그릇된 판단을 하게 됩니다.

하나님 말씀대로 살지 못하면서도 그 사실을 인식하지 못하는 사람이 많습니다. 그들을 악한 길로 인도하는 정욕이 판단력을 흐리게 만들기 때문입니다. 악한 마음이나 질투심에 사로잡힌 사람은 죄의 지배를 받고 생각이 어두워지면서 그런 마음을 정당하다고 여기게 됩니다. 이를테면 여러분이 누군가를 미워하게 되었다고 합시다. 아마도 그를 미워할 수밖에 없는 너무도 타당한 이유가 있다고 생각할 것입니다. 그러면 그가 미움을 받아도 마땅하다고 여길 것이고, 얼마 지나지 않아 '이웃 사랑'의 계명은 내 의무가 아니라고 슬그머니 모른 척하게 될 것입니다. 마찬가지로 사람이 음란하게 살다가 불결한 정욕에 얽매이면 명백한 죄악도 달콤하고 즐겁게 보일 것입니다. 이미 생각이 왜곡되어 죄가 죄처럼 느껴지지 않게 된 것입니다.

그뿐이겠습니까. 탐욕을 아무렇지 않게 여기고 세상의 이익을 추구하는 일에 과한 노력을 기울이다 보면 오히려 이런 추구가 삶에 꼭 필요하다고 생각하게 될 것입니다. 탐심이 죄라는 걸 잊고서, 이익을 챙겨야 세상에서 살아남을 수 있다고 결론지을 수도 있습니다. 그러고는 더 열심을 내어 탐욕을 추구할 수밖에 없을 것입니다.

정욕도 마찬가지입니다. "너희는 유혹의 욕심을 따라 썩어져 가는 구습을 따르는 옛 사람을 벗어 버리고"(엡 4:22)라는 말씀을 기억하십시오. 경건한 사람이라 할지라도 한순간 정욕에 현혹되어 하나님을 기쁘시게 하지 못하는 인생을 살 수 있습니다. 무엇이든 속이는 본성을 지닌 정욕은 사람의 생각을 어둡게 하고 판단을 흐리게 하여 어느새 그것이 옳다고 여기게 만듭니다.

인간은 악한 행위에 강하게 끌리는 성향을 가지고 있지만 양심의 가책 또한 느끼곤 합니다. 악한 행위를 기뻐하는 정욕은 죄를 부추기고 온갖 이유와 논리를 쥐어짜내서 양심의 소리를 묵살시키며 죄를 정당한 것으로 속입니다. 그래서 정욕에 지배된 인간은 육신적인 판단에 치우치게 되고, 별의별 교묘한 방법을 동원하여 자기 행위를 정당화하려고 나름의 논리를 펼칩니다.

자기 자신을 단죄하길 좋아하는 사람은 별로 없을 것입니다. 우리는 보통 스스로의 판단을 의심하지 않으며 자기 안에서 발견되는 것은 무엇이든 옳고 좋다고 생각합니다. 인간은 본능적으로 자기 악한 행위를 미화시킬 방법을 찾습니다.

매사에 덕망 있는 사람으로 비치지 못한다면 차라리 최소한 결백하게라도 보이고 싶어서 애를 씁니다. 이런 사람은 탐심을 근면과 성실이라고 부릅니다. 다른 이들의 불행을 보고 속으로 기뻐하면서도, 겉으로는 이 일이 그를 겸손하고 유익하게 만드는 계기가 되기를 바란다고 말합니다. 사실은 그저 술 마시는 걸 좋아하는 것인데 자기 체질상 술이 필요하다고 핑계를 댑니다. 또한 이웃의 등 뒤에서 험담을 늘어놓는 걸 즐기면서 마치 자신이 죄를 구별하고 이를 거부하며 악한 행위를 멀리하는 사람인양 가장합니다. 공적인 문제에서 어떤 부류의 사람들에게 고집스럽게 반대하면서 이런 완고한 태도를 양심이라 일컫거나 공공의 선을 위한 것으로 미화시킵니다. 이처럼 사람들은 항상 모든 악을 그럴듯하게 가장할 방법을 찾아냅니다.

사람들이 이렇게 나름의 원리를 내세우면서 자기 행위를 정당화시키지만 정작 마땅히 따라야 할 참 진리를 지키려고 하지는 않습니다. 실제로 양심에 복종하지 않으면서 이것이 양심에 따른 행동으로 보이게 하려고 애를 씁니다.

우리 마음속에 죄가 거하는 한 무엇이든 속이는 죄의 본성에 영향을 받게 됩니다. 이 때문에 스스로의 행동과 선택을 올바르게 판단하기란 어려울 것입니다. 그래서 우리는 자기 안에 악한 행위가 있는지 부지런히 살펴야 합니다. 히브리서 저자는 "형제들아 너희는 삼가 혹 너희 중에 누가 믿지 아니하는 악한 마음을 품고 살아 계신 하나님에게서 떨어질까 조심할 것이요 오직 오늘이라 일컫는 동안에 매일 피차 권면하여 너희 중에 누구든지 죄의 유혹으로 완고하게 되지 않도록 하라"(히 3:12, 13)고 권고하였습니다.

"사람의 행위가 자기 보기에는 모두 정직하여도"(잠 21:2)라는 말씀대로 사람들은 자기 눈에 있는 들보는 보지 못하면서 남의 눈에 있는 티끌만 보려고 합니다. 다른 사람들을 지켜보다가 그들이 무슨 일을 행하면 비난을 서슴지 않으면서 자신이 그와 똑같은 행위를 저질렀을 때는 그럴듯하게 정당화합니다. 이런 점에 있어서 인간의 마음은 참으로 간교합니다.

"만물보다 거짓되고 심히 부패한 것은 마음이라 누가 능히 이를 알리요마는"(렘 17:9).

이 말씀을 따라서 우리는 자기 마음을 신뢰하지 말아야 합니다. 도리어 주의 깊게 점검하며 마음과 행동을 돌아보면서 하나님께 나를 살펴달라고 기도해야 합니다.

"자기 마음을 믿는 자는 미련한 자요"(잠 28:26)라는 말씀을 기억하십시오.

2. 원수가 우리를 유혹하고 있기 때문입니다

사탄은 정욕을 이용해 우리를 죄의 길로 유혹하려고 무던히 애를 씁니다. 그는 그럴듯한 이유를 꾸며내 우리가 죄짓는 행동을 옳게 여기도록 유도하면서 양심의 소리를 눌러버립니다. 어둠의 제왕인 그는 우리를 속이고 마음을 캄캄하게 만듭니다. 그는 인류의 조상인 첫 번째 인간을 미혹한 이후로 지금까지도 그 일을 계속하고 있습니다.

3. 악한 습관이 분별력을 무디게 만들기 때문입니다

악한 행동을 하면 처음에는 잠시 양심의 가책이 느껴지지만 큰 손해는 없는 것처럼 느껴집니다. 이것을 반복하면 악한 습관이 되고 우리의 판단을 마비시킵니다.

4. 죄가 관습과 문화에 스며들었기 때문입니다

같은 죄를 저지르는 사람이 너무나도 많아져서 일종의 관습처럼 굳어진 탓에 그 행위가 사람에게 전혀 해롭지 않다고 간주되기에 이르는 경우도 있습니다. 이런 행태에 대해 틀렸다고 비판하는 목소리는 거의 들리지 않습니다. 사실은 하나님을 몹시 불쾌하시게 만들고 그분이 보시기에 가증스럽기 짝이 없는 행동인데 마치 떳떳한 행위인 것처럼 곳곳에서 나타납니다. 때로는 우리가 존경하는 사람이나 권위자, 지혜롭다고 추앙받는 사람들이 죄의 관습을 따르는 걸 보기도 합니다. 그럴 때마다 우리는 그 악한 행위를 옳게 여기게 되고 그것이 죄라는 걸 의식조차 하지 못하게 됩니다. 경건한 사람이나 오래 신앙생활을 해온 사람들이 악한 행동을 저지르는 것을 목격할 경우 우리 마음도 완악해지고 생각 속에 어둠이 들어오기 쉬워집니다.

5. 그리스도인의 의무를 망각하기 때문입니다

사람들이 죄로 인해 크나큰 위험을 자초하면서도 그것을 의식하지 못하는 이유는 스스로의 의무를 온전히 받아들이지 않았기 때문입니다. 모든 죄를 버리고 하나님 말씀대로 행해야 한다는 것은 알지만 그중 일부만 삶으로 옮기고 일부는 무시할 수도 있습니다. 만일 여러분이 은밀히 기도하면서 성경과 경건서적들을 읽고, 안식일을 지키기 위해 예배에 참석하여 정성을 다하고, 매일 말씀을 묵상한다면 어떻게 생각하겠습니까? 아마 스스로 경건한 삶을 온전히 실천하고 있다고 여길 것입니다. 하지만 우리가 자주 잊는 중요한 의무들이 남아 있습니다. 이웃에게 지켜야 할 도덕 윤리, 다른 사람과의 관계 속에서 지켜야 할 원칙들을 비롯하여 남편이나 아내로서의 의무, 형제나 자매로서의 의무, 누군가의 이웃으로서의 의무 등을 말하는 것입니다.

사람들은 이런 의무를 매 순간 지켜야 한다고 생각하지 않습니다. 하나님께 순종하여 두렵고 떨림으로 구원을 이루라는 말씀을 듣지만 위에서 언급한 의무들은 하나님께 순종하는 일에 포함되지 않는다고 생각하며 행동합니다. 그리고 성경을 읽고, 기도하고, 주일을 지키는 것과 같은 원칙 정도만 지키는 것입니다.

우리는 여러 도덕적인 의무 중에서도 일부만을 생각하는 경향이 있습니다. 정직하게 거래하지만 소외된 이웃을 돕는 일은 무시합니다. 남을 속이거나 거짓말을 해서는 안 된다는 것을 기억하고 있지만 다른 사람에 대해 가볍게 말하거나 비난하는 행동이 죄라는 건 잊은 듯합니다. 이웃과 다투는 일, 가족 관계에서 성경의 원칙을 어기는 행동을 일삼는 것, 자녀를 옳게 가르치지 않는 행위도 죄라고 생각하지 못하는 사람들이 많습니다.

이렇듯 우리는 어떤 일에는 매우 양심적이고 어떤 계명에 대해서는 지극히 신중하지만, 다른 중요한 의무에 대해서는 완전히 무시하거나 생각조차 하지 않는 경향을 보입니다. 이런 태도 때문에 우리는 죄를 온전히 스스로 깨닫기가 어렵습니다.

4장

죄의 자각을 돕는 방안을 실천하라

스스로를 살펴 죄의 길에서 벗어나는 일은 어렵습니다. 하지만 아주 불가능할 정도는 아닙니다. 충분히 관심을 기울여 스스로를 엄격하고 철저하게 살핀다면 대부분은 자신의 상태를 인식할 수 있을 것입니다. 하나님께 순종하며 그분을 기쁘시게 하는 일에 관심을 두는 사람은 빛의 인도를 받기 마련입니다. 그런 사람은 아무것도 모르는 상태로 계속 죄의 길을 고집하지 않습니다.

물론 인간의 마음이 극히 기만적이라는 것은 사실입니다. 그러나 어둠에 적응된 사람이라도 하나님께서는 말씀의 거룩한 빛으로 영혼을 밝혀 주시기 때문에 소망이 있습니다. 우리가 관심을 기울여 철저히 말씀을 받아들인다면 얼마든지 의무를 깨달을 수 있고, 현재 죄의 길로 행하고 있는지 살필 수 있을 것입니다. 하나님을 사랑하고 그분의 계명을 기뻐하는 사람은 자기 성찰을 돕는 방법들을 반길 수밖에 없습니다. 그런 사람은 하나님을 영화롭게 하며 또 기쁘시게 하기 위해 그분의 명령대로 따르는 일에 열심히 노력할 것입니다. 또 만일 자신이 하나님을 거역했다는 걸 깨닫는다면 이 발견을 감사히 여기면서 조금도 숨기지 않을 것입니다.

자기가 구원받기 위해 무엇을 어떻게 해야 할지 진지하게 고민하는 사람이라면 자기가 악한 행위를 하고 있는지 아닌지 알고 싶어 할 것입니다. 그런 관심을 기울이는 사람이 죄의 길로 행하고 있다면 크게 해로운 일일 것입니다. 따라서 참된 구원을 소망하는 사람이라면 누구나 자신에게서 악한 행위를 샅샅이 찾아낼 필요가 있습니다.

그 방법은 두 가지입니다. 첫 번째는 규범을 아는 것이고, 두 번째는 자기 자신을 아는 것입니다.

1. 하나님의 규범을 주의 깊게 살펴보십시오

성경에는 하나님의 뜻을 보여주는 계시가 온전하고 풍성하게 기록되어 있습니다. 그 안에는 그리스도인으로서 마땅히 행해야 할 의무들이 굉장히 명확하고도 반복적으로 제시됩니다. 이러한 규범을 우리가 더 잘 이해할 수 있도록 계시된 형태도 다양하게 나타납니다. 우리가 처한 어둠과 갖은 약점에도 불구하고 하나님은 우리를 깨우쳐 주시기 위해 많은 법도들을 말씀하셨습니다. 참되고 완전한 그 명령은 우리가 마땅히 지켜 행해야 할 도리입니다.

그러나 우리가 하나님의 뜻과 계시를 알려고 노력하지 않는다면 그분이 우리를 가르치시기 위해 배려하신 것들은 다 무의미해질 것입니다. 하나님이 무엇을 명령하셨는지 알지 못하면 우리가 죄의 길로 행하는지 아닌지를 판단할 수가 없습니다. 죄는 하나님께 순종하지 않는 것입니다. "율법으로는 죄를 깨달음이라"(롬 3:20)라는 말씀처럼 우리가 그분의 법을 알지 못하면 스스로 죄를 깨닫기란 불가능합니다.

따라서 하나님의 진노를 초래하지 않으려면 먼저 그분이 알려 주신 법칙을 부지런히 배워야 합니다. 성경을 많이 읽고 연구하면서 우리의 참된 도리를 온전히 파악해야 합니다. "주의 말씀은 내 발에 등이요 내 길에 빛이니이다"(시 119:105). 이 말씀을 기억하며 하나님을 알고 그 지식 안에서 성장하면서 하나님이 명령하신 계명을 알기 위해 노력해야 할 것입니다.

하나님의 일을 알려고 애쓰지 않고, 성경과 좋은 책들을 읽으려고도 하지 않아 책망을 들어야 할 사람들이 무척이나 많습니다. 어떤 사람들은 이런 지식을 얻는 건 목회자들의 일로 단정 짓기도 합니다.

그러나 생각해 보십시오. 목회자들이 어째서 하나님을 아는 지식을 쌓으려 애쓰겠습니까? 성도들에게 그것을 가르치기 위해서가 아니겠습니까? 성도들이 왜 배워야 하겠습니까? 무지함이 의도적이고 스스로 자초했다면 그 무지와 실수 때문에 죄를 짓더라도 책임을 피할 수 없습니다.

그리스도인의 의무를 알지 못한 잘못은 그 당사자에게 있습니다. 하나님의 율례와 법도를 배울 기회는 얼마든지 있고, 원하기만 하면 얼마든지 배울 수 있었을 것이기 때문입니다. 사람들은 자기 이익을 위해서라면 필요한 기술과 지식을 익히려고 최선을 다합니다. 하지만 그리스도인이 지켜야 할 마땅한 도리를 알기 위해서는 아무런 노력도 기울이지 않습니다. 이런 태도에서 돌이켜서 우리 영혼과 즉각적으로 연결되는 의무들에 대해 충분한 지식을 얻도록 노력하고 배워야만 합니다.

2. 자기 자신을 올바로 알아야 합니다

우리가 죄의 길로 행하고 있는지를 살피려면 그리스도인의 규범을 알아야 한다고 말씀드렸습니다. 이에 못지않게 중요한 것은 바로 자기 자신을 아는 것입니다. 그래야 하나님의 법도에 스스로를 비추어 볼 수 있기 때문입니다. 하나님이 가르쳐주신 명령이 무엇인지 파악했다면 그 후에는 자기 자신을 엄격히 살펴서 온전히 순종하고 있는지 점검해야 합니다. 이런 과정을 통해 우리는 자기의 됨됨이를 파악할 수 있습니다.

인간은 스스로를 돌아보고 반성할 수 있는 존재입니다. 그래서 자신이 죄의 길을 행하는지 살필 수 있습니다. 하나님께서 다른 피조물들에겐 없는 성찰 능력을 우리에게 주신 것도 이와 같은 까닭입니다. 인간은 스스로의 행위와 마음의 생각을 점검하여 그 본질과 속성을 이해할 수 있다는 점에서 이성이 없는 동물과 분명히 구별됩니다.

우리가 성경 말씀에 부합되게 살고 있는지 아닌지를 만족스러울만큼 충분히 파악하는 일은 어렵습니다. 그래서 큰 노력이 필요합니다. 악한 죄가 자기 모습을 감추고 마음속에 숨었다거나, 그릇된 행동을 간과하고 그냥 지나치는 일은 결과적으로 매우 위험하기 때문에 우리는 부지런히 스스로를 살펴야 합니다. 때로 자기 자신을 파악하기가 쉽다고 말하는 사람도 있습니다. 자의식은 항상 깨어있기 때문에 우리가 현재 하고 있는 행위를 그때마다 인식할 수 있다는 이유입니다. 실제로 우리는 눈에 보이는 행동이나 보이지 않는 내면에서 일어나는 일들을 모두 즉각적으로 인식할 수는 있습니다. 그러나 모든 면에서 우리 자신을 완전히 알기란 매우 어려운 일입니다. 따라서 우리는 행동의 동기와 마음속의 은밀한 일들을 직면하기 위해 노력해야 합니다. 또 자신이 죄의 법을 따르는지 하나님의 법을 따르는지 신중하게 살펴야 합니다. 이와 관련해 현명한 판단을 도울 수 있는 몇 가지 조언을 드리겠습니다.

첫째, 하나님의 말씀을 통해 자신을 성찰하십시오.

하나님의 말씀을 읽거나 들으면서 자신의 인격과 행위가 그 말씀에 적합한지 점검할 수 있습니다. 말씀과 자기 삶이 일치하는지 확인하는 것입니다. 성경은 온갖 종류의 죄와 의무에 대해 자세히 가르쳐 줍니다. 사도 바울은 "모든 성경은 하나님의 감동으로 된 것으로 교훈과 책망과 바르게 함과 의로 교육하기에 유익"(딤후 3:16)하다고 말했습니다. 따라서 하나님의 말씀을 접할 때마다 자신이 그분의 교훈을 잘 따르고 있는지, 혹시 명령을 거역하는 것은 아닌지 심도 있게 자문하며 생각하십시오.

또 성경에 기록된 역사적 사건을 읽을 때마다 그 속의 인물들이 어떤 죄를 지었는지 파악해 보고 자기 자신을 비추어 스스로를 돌아보십시오. 혹시 그와 같은 잘못을 저지르진 않았는지 살피는 것입니다. 하나님께서 이들의 죄를 어떻게 책망하셨고 또 어떻게 심판하셨는지를 묵상하며 자신을 점검하십시오. 예수 그리스도와 믿음의 선진들이 좋은 본보기를 보여준 대목을 읽을 때는 자기를 성찰하여 그와 반대되는 삶은 아니었는지 깊이 생각해 보십시오. 성경 속에서 하나님께서 칭찬하고 보상하신 선한 행위와 덕을 기억하고, 자신이 그것들을 삶에서 실천하고 있는지 확인하십시오. 이렇듯 성경을 읽을 때마다 스스로를 말씀에 비추어 성찰할 수 있습니다.

설교 말씀을 통해서도 자신이 죄의 길을 행하는지 아닌지 분별할 수 있습니다. 죄를 책망하거나 그리스도인의 의무를 권고하는 말씀을 들으며 스스로를 그 말씀에 비추어 주의 깊게 돌아보는 것입니다. 설교에서 책망하는 죄를 범하고 있지는 않은지, 권고하는 의무를 잘 지키고 있는지 살펴야 합니다. 하나님의 말씀은 자신을 똑바로 직면할 수 있게 하는 거울입니다.

하지만 안타깝게도 말씀으로 자신을 비춰보는 사람은 많지 않습니다. 목회자가 죄를 책망하는 설교를 전할 때 열심히 자기 마음 상태와 행동을 돌아보는 사람이 과연 얼마나 되겠습니까? 대부분의 사람들은 그 말씀에 어긋난 삶을 사는 타인을 떠올립니다. 다른 사람의 잘못만 이것저것 생각납니다. 그런 사람들은 자신에게 적용해야 할 교훈과 자기 삶에 꼭 필요한 메시지가 설교 말씀 중에 수백 가지가 넘어도 절대 자신과 연결시키지 않습니다. 즉각 다른 누군가를 떠올리며 말씀대로 살지 않는 그들을 비난할 뿐입니다. 자기 자신이 바로 그런 사람이란 걸 추호도 생각하지 않습니다.

둘째, 모범적이고 경건한 사람들의 가치관에 주의를 기울여 보십시오.

혹시 나보다 나은 삶을 사는 경건한 사람들이 일반적으로 옳지 않다고 말하는 삶을 살고 있지는 않습니까? 우리는 스스로가 하는 일이 합법적이고 떳떳하다고 말하기 쉽습니다. 왜냐하면 자기 가치관 안에서는 그 행동이 악하다고 판단되지 않았기 때문입니다. 그렇다면 목회자나 다른 성도들 중에서 보통 사람보다 좀 더 건전하고 나은 삶을 사는 사람들을 찾아보십시오. 그리고 그들이 옳게 여기지 않는 행동은 무엇인지 살펴보고 그게 죄가 맞는지 확인해 보십시오. 아마 그들이 일반적으로 옳다고 인정하지 않는 행위나 태도라면 악한 것일 가능성이 높습니다. 자기 생각으로는 합법적으로 보이는 행동이라 해도, 사리분별이 대체로 정확한 사람들에게 옳지 않다고 여겨진다면 그 행동의 적법성을 다시 고민하면서 평소보다 신중히 판단하는 것이 좋습니다.

셋째, 자신의 삶이 임종을 앞둔 상황에서 돌아보아도 흡족한 일일지 생각해 보십시오.

세상을 떠날 날이 아직 멀었다고 생각하는 사람들은 자기 멋대로 편하게 살아갑니다. 죽음이 임박했다면 감히 하지 못했을 행동들을 건강한 시절 동안 아무렇지도 않게 행합니다. 하지만 세상을 떠날 날이 가까이 오면 양심의 소리를 쉽게 외면하기는 어려울 것입니다. 그때는 제멋대로 살아온 삶이 후회스럽고 거북하게 기억될 것입니다.

죽음을 목전에 둔 상태에서 마음을 편하게 가지려면 그동안 하나님의 말씀대로 떳떳이 살았음을 스스로에게 입증시켜야 할 것입니다. 따라서 자기 삶이 정말로 합법적인 일인지 지금부터 부지런히 살필 필요가 있습니다. 언제라도 이 세상을 떠나 영원한 나라에 들어갈 수 있다는 걸 늘 기억하면서 자기 마음과 행동을 점검해야 합니다. 어떻게 살아야 임종할 때 기꺼이 자기 삶을 인정하고 기쁘게 여길 수 있겠습니까? 후회와 미련만 가득한 임종이 되지 않으려면 어떻게 살아야 하겠습니까? 지금부터 정직하게 판단하여 살아가십시오.

넷째, 자신에 대한 주변의 평판을 토대로 삶을 돌아보십시오.

자기에 대해 다른 사람들이 어떻게 생각하는지 살펴보는 것으로도 스스로를 점검할 수 있습니다. 하나님의 말씀에 전혀 합당치 못한 모습이 주위 사람에겐 너무도 명확히 보이는데 정작 자신만 전혀 의식하지 못할 때가 많습니다. 죄로 인해 판단이 왜곡되었기 때문입니다. 사람들은 본래 자기 자신의 결점은 잘 모르면서 남의 결점은 쉽게 찾고 거론하려는 경향이 있습니다. 그래서 스스로는 자기 문제를 보지 못해도 다른 사람들은 볼 수밖에 없습니다.

교만한 태도를 지닌 사람은 교만 때문에 자기가 잘못된 행동을 하는지 의식하지 못하지만 주변 사람은 분명하게 인식합니다. 세속적인 가치관으로 사는 사람은 세상을 좇아 살아가면서도 스스로는 그걸 인식하지 못합니다. 하지만 모두들 그의 인생이 어디로 향하는지 알고 있습니다. 또 어떤 사람은 악의적이고 시기심이 많아 다른 사람들이 그를 싫어하지만 정작 자신은 모르고 있습니다. 이처럼 우리는 자기 판단과 눈을 신뢰해서는 안 됩니다. 때로는 다른 사람들이 자기에 대해 어떻게 말하는지, 어떤 일로 책망하는지, 또 어떤 결함을 지적하는지 잘 들어야 합니다. 그리고 정말로 자신이 그런 말을 들을 만한 이유가 있었는지 삶을 신중하고 깊이 있게 돌아봐야 합니다.

친구들이 자신에 대해 하는 말에 귀를 기울이십시오. 친구가 나의 잘못된 점을 발견하고 우정 어린 조언을 건넬 때는 겸손히 받아들여야 합니다. 그 말을 흘려듣거나 도리어 화를 낸다면 그야말로 그리스도인답지 못하며 경솔한 행동일 것입니다. 자신의 결점을 지적하는 충고를 달게 받아들이십시오.

설혹 누군가가 나쁜 마음으로 면전에서 욕설과 비난을 퍼붓더라도 인내하며 스스로를 돌아봐야 합니다. 욕설과 비난을 들을 만한 일이 있었는지 생각해 보는 것입니다. 말의 형태는 거칠지라도 그 안에 상당한 진실이 담겨 있을 수도 있습니다. 사람들에게서 악의에 찬 비난이 쏟아진다면 그런 비난을 살만한 일이 실제로 있었을 수도 있습니다. 우리에게서 가장 취약하고 불완전한 결함을 지적한 것일 수도 있고, 또 우리가 자신을 비난할 빌미를 제공했을 수도 있습니다. 원수는 우리의 약점을 가장 빠르게 공격합니다. 누군가는 그리스도인답지 못한 태도로 우리를 욕하고 정죄할 수 있습니다. 설령 그렇다고 할지라도 이런 공격과 비난을 자초한 우리의 책임이 있을 수도 있습니다.

따라서 누군가의 험담을 들으면 이것을 기회로 받아들여야 합니다. 다른 사람이 악한 마음으로 등 뒤에서 비난한다고 해서 욕하고 화를 내며 똑같이 맞서지 마십시오. 오히려 자기 성찰의 기회로 현명하게 이용하는 것이 진정한 그리스도인다운 태도입니다. 악을 통해서도 선을 배울 수 있다는 걸 명심하십시오. 그것이 우리를 험담하던 자들과 원수의 의도를 좌절시키는 가장 확실한 방법입니다. 그들은 악의적으로 우리를 해치려고 하지만 받아들이기에 따라서 자신을 유익하게 하는 기회로 바꿀 수 있습니다.

다섯째, 타인의 잘못을 발견할 때 자신을 성찰하십시오.

누군가의 그릇된 행동을 보면 자기도 그와 똑같은 잘못을 저지르진 않는지 살필 수 있습니다. 하지만 이렇게 생각하는 사람은 그리 많지 않습니다. 왜냐하면 사람들은 대부분 비슷한 잘못을 저지르면서도 다른 사람의 행실만 지적하고 비난하기를 좋아하기 때문입니다. 교만한 사람이 누군가의 교만을 꼬집으며 꾸짖고, 부정직한 사람이 다른 사람에게 속았다고 주장하는 경우가 비일비재합니다. 타인의 죄는 몹시 가증스러워 보이고, 타인의 교만은 밉살스럽게 느껴지는 법입니다. 사람들은 자기 잘못을 발견할 때는 무시하며 숨기려고 하지만 다른 사람의 악한 행위를 보면 당당하게 지적하기 일쑤입니다. 남들에게서 보기 흉한 결함은 잘도 찾아내면서 자기 안에서 똑같은 죄가 발견되면 이를 정당화하면서 스스로를 속입니다.

누군가의 그릇된 태도와 악한 행동을 발견했다면 내게도 그와 똑같은 성질을 띤 모습이 없었는지 신중하게 살펴야 합니다. 사람들이 남의 결함에 대해 말하는 것을 듣거나 누군가가 악의로 나를 대할 때에도 역시 자신을 돌아보아야 합니다. 내 자신에게서 나온 죄도 다른 사람들의 죄처럼 흉측하고 밉살스럽기는 마찬가지입니다. 이웃의 교만이나 나의 교만이나 둘 다 똑같이 가증스럽습니다. 타인의 복수심은 악의적이고 나의 복수심은 정의로운 게 아닙니다. 둘 다 악한 것입니다. 남이 나에게 잘못을 저지르고 속이는 것이나 내가 남에게 그렇게 하는 것이나 이치에 맞지 않기는 마찬가지입니다. 이웃이 나를 험담하는 것이나 내가 이웃을 정죄하는 것이나 똑같이 그리스도인답지 못한 해로운 행위입니다.

다른 사람들이 죄를 의식하지 않는 모습을 본다면 자신 역시 죄를 간과하고 있지 않은지 철저하게 돌아보십시오. 그들이 자기 정욕을 눈치채지 못했다면 혹시 나의 눈도 정욕에 가려 어두워졌는지 신중히 살펴보십시오. 잠깐뿐인 이익을 얻기 위해 눈이 먼 사람들을 볼 때마다 나 자신은 그릇된 일을 피하기 위해 더욱 노력해야 합니다. 우리도 그들과 똑같이 악하고 거짓된 본성을 가졌기에 비슷한 기호나 관심사에 마음을 빼앗길 수 있기 때문입니다. "물에 비치면 얼굴이 서로 같은 것 같이 사람의 마음도 서로 비치느니라"(잠 27:19)라는 말씀을 기억하십시오.

SELF - EXAMINATION AND RESOLUTIONS

2부 성찰

구체적으로 성찰하기

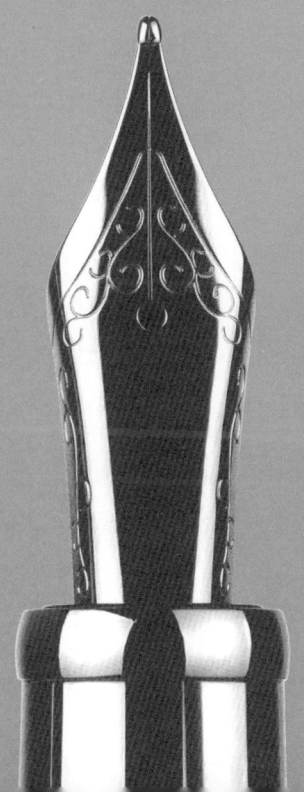

5장
주일과 교회를 거룩히 지키는가?

앞의 내용을 통해 자기 성찰의 필요성을 느꼈다면 이제 다음의 주제로 넘어가 스스로를 철저히 점검해야 합니다. 자신의 구원을 염려하는 경건한 사람이라면 누구에게나 해당되는 질문입니다.

1. 주일을 철저히 지키고 있습니까?

주일은 하나님의 거룩한 안식일입니다. 하나님께서 거룩하게 여기시는 이날에 성경의 가르침대로 생각하고 말하고 행동하고 있는지 스스로 점검해 보십시오. 혹시 안식일을 더럽히거나 욕되게 만들고 있지는 않습니까? 또 온전한 주일 성수에 필요한 부분을 잘 이행하고 있는지 살펴보십시오. 주일 성수에 필요한 것은 크게 세 가지로 나눌 수 있습니다.

첫째, 주일의 시작부터 끝까지 온전히 지키는 것입니다.

느헤미야는 안식일이 시작될 때부터 경건히 지키려고 세심한 주의를 기울였습니다.

> "안식일 전 예루살렘 성문이 어두워갈 때에 내가 성문을 닫고 안식일이 지나기 전에는 열지 말라 하고 나를 따르는 종자 몇을 성문마다 세워 안식일에는 아무 짐도 들어오지 못하게 하였으므로"(느 13:19).

즉 안식일을 지킬 준비를 전날 밤부터 미리 시작한 것입니다. 그리스도인이면서도 종종 주일을 침해할 때가 있습니다. 필연적이고 정당한 이유가 있다고 생각할 수 있겠지만 사실 그렇지 않습니다. 애초에 거룩한 날을 존중하려는 마음이 없었기 때문입니다. 토요일까지 하던 일을 끝마치지 못해 주일을 침해하는 일은 없어야 합니다. 일을 할 때 조금 더 관심을 기울이면 시간 내에 끝낼 수도 있고, 계획적으로 일정한 기간 동안 미룰 수도 있습니다. 정해진 시간 내에 일을 마쳐야 한다면 대개는 그때가 되기 전까지 마무리하려고 노력할 것입니다. 예컨대 해가 떠 있는 밝은 시간에만 할 수 있는 일이라면 해가 지기 전까지 최선을 다해 그 일을 끝낼 것입니다. 해가 지고 나면 일손을 놓을 수밖에 없는 자연적인 필연성 때문입니다. 시절에 따라 해가 좀 더 일찍 지거나 늦게 지는 때가 생기지만 어쨌든 관심을 기울여 그 시간에 맞추는 것이 보통입니다.

이렇듯 우리는 적절한 주의를 기울이면 대부분은 정해진 시간 내에 일을 마칠 수 있습니다. 자연적인 필연성 앞에서 이것이 가능하다면 도덕적인 필연성에서도 가능하지 않겠습니까? 안식일이 곧 시작되어 일을 중단해야 하는 걸 인식하고 있다면 관심과 노력을 기울여 그전까지 일을 마치려고 노력해야 할 것입니다. 우리가 주일에도 일을 하게 된다면 그건 주일에 대한 관심이 부족하기 때문이라고 볼 수 있습니다. 하나님의 명령을 존중하는 마음이 없는 것입니다.

안식일에 속한 시간은 어느 때든 우리 마음대로 사용할 수 없다는 걸 기억하십시오. 주일이 시작되었는데도 세상 일을 멈추지 않는 것은 죄입니다. 따라서 안식일이 시작되면 일손을 멈추고 하나님께 헌신하면서 처음부터 끝까지 온전히 거룩하게 지켜야 합니다. 주일이 거의 지났다고 해서 동료들과 밖에 놀러나가는 일도 없어야 합니다. 주일 새벽이나 주일 밤이나 똑같이 거룩합니다. 주일에는 안식을 누리십시오.

둘째, 거룩한 언행을 지키는 것입니다.

거룩한 주일과 어울리지 않은 말을 입에 올리지는 않습니까? 혼자서는 막상 그런 말을 할 마음은 없지만 사람들과 어울리면 주일과는 상관없는 여담이나 세상 일을 말하고 있지 않는지 스스로 살펴보십시오. 행위는 물론이고 입술로도 안식일을 거룩하게 지켜야 합니다. 세속적인 행동이 옳지 않은 것처럼 입으로도 그런 일을 거론하는 것 또한 온당하지 않기는 마찬가지입니다.

셋째, 경건하게 시간을 활용하는 것입니다.

주일에 빈둥거리며 게을리 시간을 보내지는 않는지 살펴보십시오. 주일은 하나님과 구원을 묵상할 수 있는 귀중한 기회의 시간입니다. 그 귀한 시간을 침대에서 헛되이 허비하지는 않습니까? 주일은 시간을 낭비하는 공휴일이 아니라 거룩히 구별되어야 할 안식일입니다.

2. 교회 예배 속에서 죄를 짓고 있지는 않습니까?

교회는 하나님의 집입니다. 이 안에서 거행되는 여러 의식들을 소홀히 여기는 것은 올바르지 않습니다. 몇 가지 예를 들어서 설명하겠습니다.

첫째, 거룩한 의식에 소홀한 것입니다.

하나님의 집에서 거행되는 예식, 특히 성찬을 소홀히 하지는 않습니까? 죄를 지어서 양심의 가책을 느낀다는 이유로 성찬예식에 참여하길 주저하는 사람들이 있습니다. 그러나 그런 망설임이 스스로를 진지하게 성찰하여 내린 판단인지, 그리스도인의 도리에 대한 부주의함과 태만을 감추기 위한 변명은 아닌지 스스로 살펴봐야 합니다. 어찌하여 죄를 변명으로 내세우고 예수 그리스도께서 확립하신 거룩한 의식을 거부할 수 있습니까? 그리스도인이라면 누구나 자기 자녀의 세례식이 있는 날 무조건 그 의식에 참여하려고 만반의 준비를 할 것입니다. 하지만 자기 양심 때문에 성찬식에 참여하지 못하는 사람이라면 중요한 세례식 때에도 양심의 구속을 받는 것이 당연하지 않겠습니까? 스스로 준비가 되지 않았다면 그것은 자신의 잘못입니다.

자기 스스로를 진지하게 성찰하여 내린 판단이라 해도 문제가 있습니다. 성찬식을 앞두고 신앙을 주의 깊게 점검할 수 있다면 평소에도 지금처럼 철저히 자신을 살폈어야 합니다. 삶에서 신앙의 의무를 지키지 못하고 자기 성찰 없이 방치했다가 거룩한 의식을 소홀히 하는 것도 죄의 행위입니다.

둘째, 하나님을 찬양하는 일에 소홀한 것입니다.

찬양은 하나님이 정하신 예배 의식 중 하나입니다. 따라서 예배에 참석한 온 회중이 찬양을 부르는 것은 당연한 일입니다. 예배 때 함께 하나님을 찬양하는 것도 모든 그리스도인의 의무입니다. 찬양을 부르지 못할 특별한 이유가 없다면 모든 성도가 이 의무를 따라야 합니다.

찬양에 마음으로만 동조해도 하나님께 순종하는 것이라 생각할 수도 있습니다. 하지만 그런 이유로 찬양을 부르지 않는 것은 결코 온당하지 못한 행동입니다. 그게 가능하다면 누구든 마음으로만 찬양할 수 있다는 결론이 나오는데, 만일 모두가 마음으로만 동조한다면 예배 시간에 입을 열어 찬양을 드리는 사람은 아무도 없지 않겠습니까?

어떻게 부르는지 잘 몰라서 가만히 있는 거라고 변명할 수도 있습니다. 하지만 배울 능력이 있다면 배워서라도 하나님의 명령을 따르는 것이 옳지 않겠습니까? 미리 배우지 않으면 찬양의 곡조에 맞춰 따라 부르기가 어렵습니다. 평소에 찬양을 배우고 또 자녀들에게도 가르쳐 주십시오. 그래서 하나님이 정하신 예배 의식을 소홀히 여기는 죄를 피하게 하십시오. 부모는 자녀를 교육할 의무가 있습니다.

셋째, 공동체의 잘못을 소홀히 여기는 것입니다.

교회 안의 성도들은 모두 교회의 감독 아래에 있습니다. 교회와 관계를 맺고, 공동체의 형제자매들을 돌아보며, 서로 권면하여 하나님께 거룩한 예배를 드리는 것. 이 역시 우리가 가진 신앙의 의무입니다. 그렇게 공동체를 세우고 예배를 유지하는 일은 교회가 세워진 목적일 것입니다. 만일 여러분이 교회 공동체 안에서 누군가의 죄와 악한 관습을 목격했다면 어떻게 하시겠습니까? 적절한 절차를 밟아 그 죄를 없애버리려고 노력하시겠습니까? 상황에 맞게 형제를 견책하거나 권면하고, 필요하다면 교회에 알리는 시도를 하시겠습니까? 혹시 그런 상황에서 다른 사람의 비위를 건드려 일이 커질까 봐 외면하진 않았는지 스스로 점검해 보십시오. 그 형제를 살피지도 않고 그저 뒷전에 물러서서 회피하진 않았습니까? 공동체에서 추악한 죄를 발견했을 때 적절한 절차대로 처리하는 것도 성도의 의무이기 때문에 결코 외면해서는 안 될 것입니다.

넷째, 외부 환경을 핑계로 예배 시간을 소홀히 지키는 것입니다.

날씨가 춥거나 비가 온다고 예배하는 자리에 늦게 나오지는 않았는지 스스로 살펴보십시오. 그리고 그것이 과연 정당한 일인지 정직하게 생각해 보십시오. 하나님과 신앙을 존중한다면 그럴 수 없을 것입니다. 날씨 등을 핑계로 예배에 늦는 것은 그 시간을 귀하게 여기지 않고, 전심으로 참여하지도 않는다는 증거입니다. 하나님의 교회와 예배를 가볍게 여기는 태도라고도 할 수 있습니다. 모든 성도가 다 이런 태도를 가진다면 교회에 무질서와 혼란이 초래될 것입니다.

다섯째, 예배에 집중하기를 소홀히 여기는 것입니다.

예배 시간에 잠을 자는 것은 명백한 죄입니다. 이성적으로 생각해 보십시오. 왕 중의 왕이신 하나님께서 우리에게 말씀하시는 시간에 그걸 듣는 척하면서 잠을 자는 것이 과연 옳은 일이겠습니까? 하나님께서 말씀을 통해 중요한 진리를 가르치시는데 엎드려 잠을 잔다면 그분을 욕되게 하는 무례한 일일 것입니다. 예배 시간에 온 힘을 다해 집중하기를 소홀히 여기지는 않았는지 스스로 점검해 보십시오.

또 엄숙한 예배 시간에 세속적인 일들을 생각하거나 근심, 걱정을 일삼지는 않았는지 되돌아보십시오. 정욕을 품고 정욕의 대상을 떠올리지는 않습니까? 그런 문제로 죄를 짓지 않도록 주의 깊게 자신을 살피십시오.

6장

은밀한 죄를 짓지는 않는가?

다른 사람들은 보지 못하는 일, 오직 자기 양심 외에는 제약받지 않는 은밀한 행위들을 점검하십시오. 사람들의 눈앞에선 감출 수 있어도 모든 것을 감찰하시는 하나님의 눈은 피할 수 없습니다. 하나님의 순결한 눈에 거슬리는 일을 행하고 있지는 않습니까? 은밀한 죄는 물론이고, 개인적인 신앙의 의무들을 지키지 않는 일도 포함됩니다. 성경 읽기, 말씀 묵상, 개인 기도의 시간을 잘 지키고 있습니까? 이러한 의무에 관심을 갖고 있는지 돌아보십시오. 관심은 있으나 일정치 않고, 혹은 부주의한 태도를 취하진 않았는지 살펴야 합니다. 은밀하고 사적인 의무에 관해 언급할 것이 많지만 특별히 두 가지만 짚어 보려고 합니다.

1. 성경을 읽는 의무를 소홀히 하지는 않습니까?

성경은 감추어진 보화이자 지혜의 광산과도 같습니다. 하나님께서 우리에게 성경을 주신 목적은 하나뿐입니다. 바로 우리가 말씀을 읽는 것입니다. 예전에는 목회자와 성직자만 성경을 읽을 수 있었지만, 이제는 모든 성도가 원하기만 하면 성경을 접할 수 있습니다. 하나님께서는 우리가 성경을 삶의 규범으로 삼고 항상 곁에 두고 읽으며 묵상하기를 원하십니다. 한때 성경을 읽어봤다거나 어쩌다 한 번씩 넘겨보는 것은 성경의 존재 목적에 부합하지 않습니다. 시각장애인은 그를 인도해 줄 사람이 필요하고, 어두운 길을 걷는 사람에겐 빛이 필요한 것처럼 성경은 우리에게 있어 발의 등불이자 길의 빛이 됩니다. 장인이 일을 할 때마다 자신만의 원칙을 따르는 것처럼 우리는 성경을 기준과 원칙으로 삼고 따라야 합니다.

"이 율법책을 네 입에서 떠나지 말게 하며 주야로 그것을 묵상"(수 1:8)하라고 하나님은 말씀하셨습니다. 요한복음 5장 39절에 따르면 그리스도께서는 우리에게 성경을 연구하라고 가르치셨습니다. 이렇듯 우리는 성경을 항상 가까이 두고 읽고 묵상하며 연구해야 합니다. 이 의무를 소홀히 하진 않았는지, 또 성경을 멀리하면서 죄를 짓지는 않았는지 스스로 돌아보십시오.

2. 은밀히 정욕을 채우며 살고 있지는 않습니까?

육신의 정욕을 채우는 방법은 매우 다양하지만 그 어떤 방법이든 하나같이 하나님을 진노하시게 할 것입니다. 심각하게 방종하지 않았다고 해도 마찬가지입니다. 오직 생각과 상상만으로 정욕을 만족시키는 것도 죄입니다. 또 합법적인 행위라고 해도 지나치게 1차적 욕구에 집착하는 것도 하나님을 거역하는 행동이 될 수 있습니다. 이런저런 방법들로 은밀히 정욕을 만족시키면서 그릇된 쾌락의 단맛에 취해 있지는 않은지 살펴보십시오.

7장

이웃을 섬기고 사랑하는가?

우리가 이웃을 대하는 태도나 행동을 통해서도 스스로를 성찰할 수 있습니다.

1. 이웃에 대한 감정을 성찰하십시오

아래의 세 가지 질문을 통해 이웃을 대하는 태도를 점검해 보십시오.

첫째, 성미가 급하고 화를 누르지 못하는 편입니까?
평소 조급하고 화를 잘 내는 성격이라면 평소 그것을 억제하고 다스리려고 노력해야 합니다. 자기 성격을 의식하고 분노를 조절하려고 주의를 기울이고 있습니까? 아니면 분노를 마음껏 터뜨리고 있습니까? 분노에 사로잡혀 있을 때는 이성의 힘이 크게 제한됩니다. 그래서 화를 참지 못하는 성격은 인간을 이성 없는 짐승과 같이 전락시킵니다. 이 점에는 그리스도인인지 여부와도 상관이 없습니다. 화를 참지 못하면 인간이 인간답지 못하게 됩니다. "노를 품는 자와 사귀지 말며 울분한 자와 동행하지 말지니 그의 행위를 본받아 네 영혼을 올무에 빠뜨릴까 두려움이니라"(잠 22:24, 25)라는 말씀대로, 성경은 그런 사람을 위험하게 여겨 피하라고 권고합니다.

둘째, 이웃을 미워하고 있지는 않습니까?

이웃을 미워해도 괜찮은 경우란 없습니다. 누군가로부터 피해를 당했거나 그가 내게 친절하지 않다는 이유로 그를 미워하고 있지는 않습니까? 남이 내게 악의와 증오심을 품었다고 생각하거나 내 의견에 반대한다고 미워하지는 않습니까? 나는 존경받아 마땅한데 존경심을 보이지 않는 사람이 있다면, 혹은 내 명예와 이익을 위한 일에 기여하지 않는 사람이 있다면 어떻게 하시겠습니까? 이웃이 먼저 나에 대한 미움과 멸시를 드러냈으니 나도 그를 미워하는 것이 정당하다고 여기진 않습니까? 누군가가 내 반대편에 서서 내 이익을 저해하고 그쪽에서 큰 영향력을 발휘하고 있다는 이유로 그를 증오하지는 않습니까?

증오라는 말이 거칠게 느껴질 수도 있습니다만, 이보다 더 나은 표현이 있는지 정직하고 진지하게 생각해 보십시오. 이웃에 대해 나쁜 감정을 가지고, 그가 비난을 들으면 내심 즐거워하고, 그의 명예가 손상되는 불행이 닥쳤을 때 쾌감을 느끼고, 그가 내게 준 피해를 되갚아 줄 기회가 생기면 기뻐하는 것이 증오가 아니면 무엇이겠습니까? 이런 마음이 자기에게 있는지 주의 깊게 점검하십시오.

셋째, 이웃에 대한 시기심을 품고 있지는 않습니까?

가까운 누군가가 잘 되고 형통해졌다고 생각해 봅시다. 그가 부자가 되거나 명예가 높아졌습니다. 기분이 어떻습니까? 혹시 속이 거북하거나 실망스럽지는 않습니까? 그렇다면 단순한 이기심 때문만은 아닙니다. 자기 안에 이웃에 대한 시기심이 있는지 철저히 점검해야 합니다. 혹시 누군가를 내 길의 걸림돌로 여기고 있지는 않습니까? 만약 그가 재물이나 명예를 빼앗긴다면 어떤 생각이 들 것 같습니까? 공공의 이익을 생각하는 순수한 마음으로 염려하시겠습니까? 아니면 방해물이 사라진 것을 즐거워하겠습니까?

2. 이웃을 대하는 행동을 점검하십시오

그릇된 행동으로 이웃을 대하고 있지는 않습니까? 그래서 죄의 길로 행하고 있지 않은지 스스로 돌아보십시오.

첫째, 누군가를 속이거나 해롭게 하는 행동은 없습니까?

타인을 대할 때 하는 행동이 성경의 엄격한 기준을 통과하고 하나님 앞에서 떳떳할 만큼 정의로운지 점검해야 합니다. 자신이 누구에게나 신뢰를 받을 만한 사람인지, 이웃들이 나의 말을 믿을 수 있을지 생각해 보십시오. 현재 맡겨진 일을 정직하고 성실하게 처리하고 있습니까? 빚을 갚는 일을 소홀히 여기진 않았습니까? 이웃의 소유를 빌렸다가 돌려주지 못해 손해를 입히지는 않았습니까?

또 남에게 해로운 일을 하지는 않는지 살펴보십시오. 타인을 압제하거나 그의 약점을 이용해 그를 궁지에 몰아넣는 일은 없었습니까? 이웃이 지식이 부족한 것을 이용해 사사로운 이익을 챙긴 적은 없습니까? 물건을 사고 팔 때도 정직한지 생각해 보십시오. 소비자의 눈을 속여 물건의 결함을 감추지는 않았습니까? 또 자신이 사는 물건의 좋은 품질을 부정하며 제값을 깎으려 한 적은 없습니까? 이 모든 것은 하나님 보시기에 악한 행위이므로 분별하여야 합니다.

둘째, 이웃에게 저지른 잘못에 보상하지 않는 행동은 없습니까?
예전에 이웃에게 명백한 잘못을 저질렀지만 의식하지 않은 채 살고 있지는 않습니까? 그에게 끼친 손해를 보상하지 않는 것도 죄의 길로 행하는 일이 분명합니다.

누군가에게 불의를 행하지 않는다고 해도 다른 일로 그에게 죄를 지을 수 있습니다. 이웃과의 관계에서 점검할 의무는 크게 두 가지입니다.

3. 이웃에게 선을 베풀 의무를 지키는지 돌아보십시오

이웃에게 마땅한 선을 베풀고 있는지 스스로 돌아보십시오. 어려운 이웃을 돕고, 잘못된 길에 빠진 사람에게 의로운 삶을 권면하는 것은 그리스도인의 의무입니다. 아래의 질문을 가지고 자신을 살펴보십시오.

첫째, 가난한 이웃을 돕고 있습니까?

"네 하나님 여호와께서 네게 주신 땅 어느 성읍에서든지 가난한 형제가 너와 함께 거주하거든 그 가난한 형제에게 네 마음을 완악하게 하지 말며 네 손을 움켜 쥐지 말고 반드시 네 손을 그에게 펴서 그에게 필요한 대로 쓸 것을 넉넉히 꾸어주라"(신 15:7, 8).

어려움에 처한 이웃을 돕는 것은 기분에 따라 결정할 일이 아닙니다. 하나님은 궁핍한 자들에게 관대히 베풀라고 명령하셨습니다. 이웃을 돕는 것은 그저 칭송받을 만한 선행이 아니라 하나님의 명령이기 때문에 마땅히 지켜야 합니다.

"귀를 막고 가난한 자가 부르짖는 소리를 듣지 아니하면 자기가 부르짖을 때에도 들을 자가 없으리라"(잠 21:13)라는 말씀을 기억하면서 구제와 자선과 관련한 죄를 짓고 있지 않는지 성찰하십시오. 가난한 이웃이 있다는 걸 알면서도 관심을 두지 않거나 인색한 마음을 품지는 않았습니까? 이웃의 필요를 살피는 일, 기회가 되는 대로 선을 베풀 대상을 찾는 일을 계속하고 있습니까? 아니면 자신과 상관없는 것으로 생각하고 그럴 듯한 변명을 둘러대지는 않습니까? 체면 유지를 위해 억지로 무엇인가를 베풀고는 속으로 유감스럽게 생각한 적은 없습니까? 그렇다면 죄 중에서도 큰 죄를 짓는 것입니다. 이웃에게 베푸는 일에 인색하다면 스스로가 진정으로 하나님의 자녀가 맞는지 깊이 살펴볼 필요가 있습니다.

둘째, 죄의 길로 행하는 이웃을 바로잡아주고 있습니까?

잘못된 길로 빠지는 이웃을 견책하는 일도 하나님이 명령하신 사랑과 자선의 의무에 해당합니다.

"너는 네 형제를 마음으로 미워하지 말며 네 이웃을 반드시 견책하라 그러면 네가 그에 대하여 죄를 담당하지 아니하리라"(레 19:17).

만일 그리스도인들이 지금까지 이 의무를 잘 감당했다면 역사 속의 죄악들이 예방되고 수많은 영혼을 죽음의 길에서 구해냈을 것입니다. 따라서 이웃이 죄를 짓는 것을 보거든 성경에서 가르치는 방식을 따라 당사자와 함께 그 문제를 처리해야 합니다. 낙관적인 결과가 나오지 않을 거라고 미리 걱정할 필요는 없습니다. 시도해 보지 않았다면 그 결과가 어떨지 확실하게 알 수 없는 법입니다.

앞서 말한 대로 사람은 스스로의 죄를 의식하지 못할 때가 많습니다. 계속 죄를 짓는데 아무도 꾸짖는 사람이 없다면 그 죄가 인정받을 만한 행동이라고 착각하기 쉽습니다. 이웃의 죄에 대해 우리가 계속 묵인한다면 그의 눈은 어두워지고 마음은 단단히 굳어져 그 죄가 얼마나 불명예스러운 것인지도 깨닫지 못할 것입니다. 하지만 우리가 서로에게서 악한 행동을 발견했을 때 적절히 견책하고 꾸짖을 수 있다면 어두웠던 눈이 열리면서 스스로의 잘못을 깨달을 수 있게 될 것입니다. 여러 사람들이 자신의 삶을 인정하지 않고 탐탁지 않게 여긴다면 평판을 위해서라도 잘못을 고치려고 애쓰지 않겠습니까?

이런 견책만으로는 효과가 없을 것이라 섣불리 판단하고 입을 다무는 태도는 결코 바람직하지 않습니다. 하나님이 지시하신 의무를 가볍게 여기는 것과 같기 때문입니다. 그러면 다른 의무들에서도 우리는 얼마든지 변명할 수 있을 것입니다. 사람은 자신이 죄를 짓고 있다는 걸 깨우쳐줄 책망과 권고가 필요합니다.

이웃이 악한 길에 빠지는 걸 방관하는 죄를 지은 적은 없는지 스스로 성찰하십시오.

4. 이웃과 거룩하게 교제할 의무를 지키는지 살피십시오

앞서 사람 간의 거래나 장사에서 정직해야 한다고 하였습니다. 그뿐 아니라 사람들과 대화를 나누며 교제할 때에도 우리는 많은 죄를 범할 수 있다는 걸 기억해야 합니다.

첫째, 부도덕하고 비양심적인 사람들과 어울리지는 않습니까?

삶이 건전하지 못하고 사치스러우며 외설적인 말을 하고 품행이 음탕한 사람들과 어울리지는 않는지 자신을 돌아보십시오. 성경은 그런 행위를 엄격하게 꾸짖고 있습니다.

"너는 미련한 자의 앞을 떠나라 그 입술에 지식 있음을 보지 못함이니라"(잠 14:7).

"미련한 자와 사귀면 해를 받느니라"(잠 13:20).

"허망한 사람과 같이 앉지 아니하였사오니 간사한 자와 동행하지도 아니하리이다 내가 행악자의 집회를 미워하오니 악한 자와 같이 앉지 아니하리이다"(시 26:4, 5).

이런 죄를 저지르고 있지 않은지 스스로를 점검해야 합니다. 주변을 돌아보며 진지하게 생각해 보십시오. 함께 있으면 그저 같이 죄를 지을 뿐인 그런 사람들이 곁에 있지는 않습니까? 그들이 여러분의 영혼을 옭아매는 덫이 될 수도 있다는 걸 기억하십시오. 진정으로 영혼의 안위를 생각한다면 부도덕하고 비양심적인 사람들이 걸림돌이 되지 않도록 그들을 피하는 것이 좋을 것입니다. 악한 자와 함께 앉지도 말라고 하신 말씀을 거역하는 것은 곧 죄라는 것을 깨달아야 합니다.

우리가 옛사람이었던 시절의 친구들과 교제를 끊는 일이 생각보다 어려울 수 있습니다. 그들이 조롱하고 놀릴까 봐 충분한 용기를 내기 힘들었을 수도 있습니다. 하지만 어렵든 쉽든 반드시 끊어내야 합니다.

그 관계를 지속하면 결국 자신도 죄의 길로 행할 수밖에 없다는 걸 기억하십시오. 성경이 말씀하는 대로 오른손을 잘라내고 오른쪽 눈을 빼어 내버리는 심정으로 결단하지 않으면 그들과 함께 멸망하고 말 것입니다.

둘째, 대화 중에 악한 말을 하는 습관이 있지는 않습니까?

수많은 대화의 주제 중, 남에 대한 비난과 험담만큼 사람들이 즐기는 화제도 없을 것입니다. 교회 안이라고 해도 사람들이 한자리에 모여서 다른 누군가를 비방하거나 불확실한 나쁜 소문을 퍼뜨리는 일은 너무도 흔하게 벌어집니다. 모여서 서로를 비난하고 약점을 조롱하는 대화도 마치 여흥거리처럼 즐깁니다. 이제는 누구나 아는 사실입니다.

그렇다고 이런 행위를 정당화할 수 있겠습니까? 절대 그렇지 않습니다. 비난과 조롱, 험담을 입에 담는 것은 성경에서 수도 없이 지적하는 범죄입니다. 우리는 늘 깨어서 이런 죄를 짓지 않도록 조심해야 합니다. 이웃에 대한 나쁜 소식에 열심히 귀를 기울이는 죄를 짓지는 않습니까? 다른 사람들에게 말하면 반응이 클 것 같은 새로운 소식을 듣고는 입이 근질거린 적은 없습니까? 누군가에 대한 나쁜 소식을 전해 듣고는 사실 여부도 확인하지 않고 퍼뜨릴 때가 많지는 않습니까? 그런 소식을 전달할 때마다 즐거움을 느끼고 있습니까? "사연을 듣기 전에 대답하는 자는 미련하여 욕을 당하느니라"(잠 18:13)라는 말씀에 나온 어리석음과 수치를 당한 적은 없습니까?

이웃에 대한 나쁜 소식을 들었을 때 그와 직접 대화하며 견책하지 않고, 제삼자와 그를 판단하는 일들이 흔히 일어납니다. 이것은 그리스도인다운 태도가 전혀 아닙니다. 만일 다른 사람이 등 뒤에서 나를 비방한다면 얼마나 기분이 상하겠습니까? 자기에 대한 나쁜 소문이 돌았다면 아마도 남들에게 내 얘기를 먼저 들어보라고 말할 것입니다. 잘 알지도 못하면서 뒤에서 험담하지 말라고 경고할지도 모릅니다. 다른 사람이 나의 사적인 문제를 간섭하고 잘못을 찾아낸 뒤 이를 판단하고 비방한다면 그들이 상관할 바가 아니라며 항의하지 않겠습니까? 이렇듯 입장을 바꾼 상황이라면 먼저 내게 찾아와 나와 더불어 말해야 한다는 성경의 원칙을 이웃에게 요구할 것입니다. 마찬가지로 스스로가 그런 죄를 짓지 않도록 끊임없이 자신을 살피십시오.

셋째, 친구들의 악한 말을 너그럽게 받아주고 있지는 않습니까?

자기 입으로 직접 악한 말을 하지 않는 것이 전부가 아닙니다. 친구들이 욕설이나 음탕한 대화나 쓸데없는 농담을 주고받을 때 그들의 대화를 즐기고 있지는 않습니까? 마음으로 동의하지는 않지만 친구들의 비위를 거스르지 않으려고 맞장구를 친 적은 없습니까? 그런 식으로 더러운 말들이 지속되는 것을 부추기지는 않았는지 스스로를 돌아보십시오. 이웃이 남에 대한 험담을 늘어놓을 때 그들의 말에 동의해 주는 습관이 있는지 깊이 점검해 보십시오. 그들이 남을 비방하고 인격을 깎아내릴 때 그것에 동조하는 것 또한 옳지 않은 행위입니다.

또 한 입으로 두 말을 하는 사람들도 있습니다. 개인이나 당파 간에 서로 의견 차이가 있을 때 양측 모두에게 동의하는 듯한 태도를 취하는 것입니다. 그들은 이쪽 편에서는 이쪽을 동의하며 다른 쪽을 비난하지만, 저쪽 편에서는 저쪽 의견에 맞장구를 치며 반대편을 비판합니다. 참으로 악하고 거짓된 태도입니다. 그들은 사람들의 면전에서는 양쪽 모두의 친구처럼 보이지만 등 뒤에서는 양쪽 모두의 원수에 지나지 않습니다. 한 입으로 두 말을 하는 사람들은 단지 자기가 어울리는 사람들을 즐겁게 해 주려는 생각뿐입니다. 이는 결과적으로 양측의 간격을 더욱 넓게 벌려 놓고 모두에게 해를 입힙니다. 혹시 스스로가 그런 사람은 아닌지 생각해 보십시오.

넷째, 오직 진실만을 말하고 있습니까?

이 세상에 거짓말쟁이로 불리고 싶은 사람은 없습니다. 거짓말은 수치스럽고 비난받을 일로 간주되는 것이 보통이지만, 실제로 엄격하게 자기 혀를 다스려 진실만을 말하는 사람은 찾아보기 힘듭니다. 거짓을 말하는 정도도 다양합니다. 어떤 경우에는 진실만을 말하려 주의를 기울이면서도 어떤 경우에는 쉽게 말하는 죄를 짓기도 합니다. 명백한 사실에 대해서는 진실에 어긋나는 말을 하기가 어렵습니다. 그런데 명확하지 않은 주제, 즉 자신의 생각이나 바람, 감정, 계획 등을 말할 때에는 진실을 철저히 가려 말하지 않을 때가 얼마나 많은지 모릅니다.

또 대화 중에 어떤 사건을 언급할 때는 최대한 객관적으로 말하지만, 자기의 이야기를 전할 때에는 흥미를 돋우려고 없는 말을 보태 꾸미거나 과장하는 사람도 있습니다.

자신의 이익이나 신용이 걸려 있을 때에는 교묘하게 확언을 피하면서 애매한 말을 남용한 적은 없습니까? 자기가 진실하다는 걸 보여주기 위해 어휘를 일반적이지 않은 의미로 왜곡하여 사용하는 사람도 있습니다. 그런 사람들은 하나님 앞에서 죄를 피하기 어려울 것입니다. 스스로를 돌이켜서 오직 진실만을 입에 담고 있는지 점검하십시오.

8장

가족을 아끼고 사랑하는가?

앞서 안식일 및 교회, 사적인 시간, 이웃과의 관계와 대화들에 관련하여 자신 안에 더러운 것이 없는지 살피라고 권고한 바 있습니다. 이번에는 가족들을 대할 때 스스로의 행동과 태도가 어떠한지 점검하길 권합니다. 이웃 사이에서는 평판이 좋고, 밖에서 대화나 거래를 할 때도 정직해 보이는데 집에 가면 가족들에게 잘못을 저지르는 사람들이 있습니다. 이 또한 만물을 감찰하시는 하나님의 순결한 눈을 거스르는 행동입니다.

가정은 우리에게 가장 큰 비중을 가진 곳입니다. 가정에서는 우리의 가장 진실한 모습이 드러납니다. 따라서 우리는 밖에서의 행동은 물론 집에서의 모습도 주의 깊게 살펴야 할 필요가 있습니다. 가족들을 어떻게 대하는지 깊이 성찰해야 할 까닭도 여기에 있습니다. 의외로 많은 사람들이 가정에서 짓는 죄들로 심판을 받게 될지도 모릅니다. 우리가 가족과의 관계에서 지켜야 할 의무는 두 번째 주신 계명에 속합니다. 여기에서 사랑은 가족까지 포함한 의무임을 염두에 두고 점검해 보시기 바랍니다.

1. 가족 사랑을 실천하고 있습니까?

우리는 온 인류에게 사랑의 의무를 다해야 합니다. 그것이 하나님의 명령입니다. 사랑은 마음에서 우러나는 선의와 그에 합당한 행위로 이루어집니다. 우리와 이웃 관계인 사람은 물론이고 같은 아담의 후손이라는 것 외엔 공통점이 없는 모든 사람들에게까지 사랑을 베풀어야 합니다. 그리스도께서는 심지어 원수마저 사랑하라고 말씀하셨습니다. 그렇다면 남편과 아내, 부모와 자녀, 형제와 자매 관계를 맺는 친밀한 가족들에게 더욱더 큰 사랑을 베풀어야 마땅하지 않겠습니까?

"이 모든 것 위에 사랑을 더하라 이는 온전하게 매는 띠니라"(골 3:14).

사랑은 모든 공동체를 하나로 묶는 끈입니다. 가족은 우리 자신의 정체성과 연결되어 있고, 우리가 특별히 관심을 기울이는 공동체입니다. 그래서 가족 간의 사랑은 다른 공동체보다 결속력이 강합니다. 인류를 사랑하는 일과 가족을 사랑하는 일은 일맥상통하는 부분이 있습니다. 우리는 가족들을 인간으로서 사랑하고, 가까운 이웃으로서도 사랑하며, 같은 교회 공동체로서도 사랑할 수 있기 때문입니다.

가까울수록 사랑의 의무도 더 커지는 것입니다. 가족은 나와 가장 가까운 관계이기에 일반적인 사랑의 의무를 뛰어넘어야 합니다. 반대로 생각해 봅시다. 다른 사람을 미워하는 행위는 하나님 보시기에 악한 죄입니다. 그렇다면 가족을 미워하는 일은 어떻겠습니까? 그보다 훨씬 악하다고 볼 수 있지 않겠습니까?

그리스도께서는 "나는 너희에게 이르노니 형제에게 노하는 자마다 심판을 받게 되고 형제를 대하여 라가라 하는 자는 공회에 잡혀가게 되고 미련한 놈이라 하는 자는 지옥 불에 들어가게 되리라"(마 5:22)라고 말씀하셨습니다. 이 말씀이 그리스도인들 사이에서 해당되는 의무라면 한지붕 밑에 사는 가족들에 대해서는 더욱 강력하게 적용될 것입니다. 한마을에 사는 이웃들끼리 다투는 건 분명 악한 것입니다. 그렇다면 한 가정에 속한 가족들 사이에서는 어떻겠습니까? 동료를 향해 품은 증오와 시기, 복수심이 하나님 앞에서 가증스럽다면 혈연으로 피와 살을 나눈 가족을 겨눈 미움과 증오는 더욱 더럽고 가증스럽게 여겨질 것입니다. 아무 이유 없이 이웃에게 분노하는 것이 악한 행위라면 세상에서 가장 가까운 관계인 가족들끼리 서로 싸우고 다투는 일은 훨씬 더 큰 죄악에 해당합니다.

우리 모두가 이 일과 관련하여 스스로를 살펴야 합니다. 가족들과의 관계에서 앞서 말한 죄를 짓고 있지는 않습니까? 한지붕 아래 사는 가족들과 다투지는 않습니까? 가족들에게 종종 분노를 쏟아내진 않습니까? 혹시 마음속으로 가족이 불행을 당하기를 바라지는 않았습니까? 행동으로 보복하지는 않지만 말로 가족들을 비난하지는 않습니까?

가족을 친절히 대하고 도움을 베푸는 의무 역시 가볍게 여기거나 거부하지 마십시오. 가장 가까운 이웃인 가족을 향해 증오심과 악의를 품는 죄를 짓지 않았는지 자신을 살피십시오. 가족과의 관계에서 하나님이 요구하시는 모든 의무를 양심껏 잘 이행하고 있습니까? 특별히 다음과 같은 사람들에게 간곡히 당부하고 싶습니다.

첫째, 남편과 아내는 서로 사랑하십시오.

결혼 서약을 통해 약속한 의무를 지키며 살고 있습니까? 결혼 서약은 인간 대 인간의 약속일 뿐 아니라 하나님과의 약속으로서 구속력을 지닙니다. 하나님이 증인이 되시는 특별한 맹세인 것입니다. "젊은 시절의 짝을 버리며 그의 하나님의 언약을 잊어버린 자라"(잠 2:17)라는 말씀처럼, 혼인 서약을 저버리는 일은 하나님과의 언약을 지키지 않은 것과 같습니다.

배우자에게 하나님의 말씀대로 행동하겠다고 약속했으면서도 그것을 소홀히 여기거나 아예 잊어버리지는 않았습니까? 혹은 그 맹세를 어떻게 실천해야 할지 더 이상 고민조차 하지 않으며 살고 있지는 않습니까?

특히 말과 행위로 서로를 불친절하게 대하고, 서로를 향해 앙심을 품고 있지는 않았는지 스스로를 살펴보십시오. 이웃끼리 분노와 다툼, 비난을 일삼을 때 하나님께서 진노하신다면 하물며 그분이 한 몸으로 연합시키시고 친밀한 사랑을 지키도록 명령하신 부부의 경우에는 그 진노가 얼마나 더하겠습니까?

하나님께서는 성경을 통해 부부간의 사랑의 기준을 말씀하셨습니다.

"남편들아 아내 사랑하기를 그리스도께서 교회를 사랑하시고 그 교회를 위하여 자신을 주심 같이 하라"(엡 5:25).

"이와 같이 남편들도 자기 아내 사랑하기를 자기 자신과 같이 할지니 자기 아내를 사랑하는 자는 자기를 사랑하는 것이라 누구든지 언제나 자기 육체를 미워하지 않고 오직 양육하여 보호하기를 그리스도께서 교회에게 함과 같이 하나니"(엡 5:28, 29).

부부 사이의 다툼과 불화에 대해 한 사람만을 탓할 수는 없는 일입니다. 타락한 인류 가운데 허물이 없는 자는 단 한 사람도 없기 때문입니다. 부부의 온전한 사랑을 명령하셨을 때부터 하나님은 이미 많은 사람이 죄를 지을 것을 알고 계셨습니다.

부부가 서로 자기만 옳다고 주장한다면 평화롭게 살기란 어렵습니다. "미움은 다툼을 일으켜도 사랑은 모든 허물을 가리느니라"(잠 10:12)라는 말씀처럼 좋은 친구가 되려면 서로의 허물을 덮어 주어야 합니다. 혹시 상대방의 허물이 보이면 그걸 지적하려고 하지는 않습니까? 사소한 문제로 종종 다툼이 일어납니까? 하찮은 일로 배우자에게 화를 내지는 않습니까? 서로 오해가 있을 때에는 거친 말로 상대방을 격동시키지 말아야 합니다. 작은 불씨로 끝날 일을 거센 불길로 만들어 타오르게 만들지 마십시오. 배우자는 멍에를 함께 멘 관계이기 때문에 배우자가 잘못을 저질렀다면 자신에게도 문제가 있는지 생각해야 합니다.

상대방의 성격을 이해하려고 노력하고 있습니까? 집안 대소사를 논의할 때 서로의 의견에 맞추려고 힘쓰고 있습니까? 아니면 서로를 무시하고 자기 뜻대로 하려고 고집을 피웁니까? 부부가 서로의 삶을 편안하게 만들어 주고 있습니까? 앙심을 품고 자주 서로의 감정을 돋우고 있지는 않습니까?

아내를 마치 종처럼 여기고 군림하며 함부로 대하는 남편들은 하나님께 큰 죄를 짓는 것입니다. 그들은 가정의 재산을 이용하는 일에서 아내에게 불공평한 제재를 가하고, 아내가 스스로 신중하게 판단해 자선을 베푸는 것도 허락하지 않습니다. 이는 하나님의 말씀을 정면으로 거스르는 것입니다. 성경에서 덕스러운 아내는 "곤고한 자에게 손을 펴며 궁핍한 자를 위하여 손을 내밀며"(잠 31:20)라고 나타나 있습니다. 하나님이 이를 아내의 의무로 요구하셨다면 그렇게 할 수 있는 권리와 재량까지 인정하신 것입니다. 남편이 그 권리를 인정하지 않는다면 아내는 가난한 자에게 손을 펴고 궁핍한 자를 위해 손을 내미는 의무를 이행할 수 없게 됩니다.

한편, 하나님은 아내들을 향해 남편에게 복종하라고 명령하셨습니다. 이는 말씀으로 증거된 의무이자 결혼 서약의 엄숙한 맹세입니다. 그러나 이를 경시하는 아내가 많습니다. 다음 성경 말씀을 기억하십시오. "아내들이여 자기 남편에게 복종하기를 주께 하듯 하라"(엡 5:22). "아내들아 남편에게 복종하라 이는 주 안에서 마땅하니라"(골 3:18). 하나님의 명령과 그분 앞에 서약한 것을 우습게 여겨서는 안 됩니다. 이 의무를 쉽게 저버리는 것은 하나님의 권위를 무시하고, 그분의 이름을 망령되게 일컫는 것과 같은 중대한 범죄입니다.

둘째, 부모로서 자녀에게 죄를 범하지 마십시오.

하나님께서는 부모가 자녀를 어떻게 대해야 하는지 가르치셨습니다. 그중에서 특별히 자녀를 교육하는 일과 가정을 다스리는 일을 소홀히 여기지는 않았는지 스스로 살펴야 합니다.

자녀들도 우리와 똑같이 죽음을 앞둔 인간입니다. 그들도 우리와 마찬가지로 죽음에서 구원받아 하나님의 자녀가 되어야 합니다. 인간이라면 누구나 그렇듯, 자녀들 역시 언제 죽을지 알 수 없기 때문에 부모는 최선을 다해 신속히 그들을 구원으로 인도해야 할 것입니다. 평소 자녀들의 육신과 그 영혼의 안위까지도 주의 깊게 관심을 기울이고 있습니까? 자녀들에게 필요한 것을 공급하기 위해 열심을 다하는 것처럼, 그들이 영생을 얻도록 가르치기 위해 수고를 다하고 있습니까? 혹시 자녀 교육을 소홀히 함으로써 죄를 짓고 있지는 않은지 생각해 보십시오. 행여 이런 의무를 어느 정도 감당하고 있다고 해도 꾸준하고 열심히 이행하지 않는다면 이 또한 마찬가지로 죄입니다. 아이들의 인생과 영혼이 달린 일이기 때문에 사안이 중대한 만큼 적합한 노력을 기울여야 할 것입니다. 부모라면 누구나 이 문제와 관련해 죄를 짓고 있지는 않은지 스스로를 성찰해야 합니다.

또 가정을 다스리는 일을 소홀히 여기는 죄를 짓고 있지는 않은지 스스로를 점검하십시오. 사무엘상에 등장하는 엘리 제사장은 이 죄로 하나님의 저주를 받았습니다. 그는 자녀들을 옳게 훈육해야 할 의무가 있었지만 그들을 전혀 다스리지 않았던 것입니다. 엘리 제사장은 몇 마디 말로써 아들들을 잠시 꾸짖었을 뿐, 그들을 완전히 제재하지는 않았습니다. 이 때문에 하나님의 진노가 크게 일어났고, 엘리의 교육 방침 때문에 온 집안은 영원한 저주를 받고 말았습니다. 하나님은 "내가 엘리의 집에 대하여 말한 것을 처음부터 끝까지 그 날에 그에게 다 이루리라 내가 그의 집을 영원토록 심판하겠다고 그에게 말한 것은 그가 아는 죄악 때문이니 이는 그가 자기의 아들들이 저주를 자청하되 금하지 아니하였음이니라"(삼상 3:12, 13)라고 선언하셨습니다. 혹시 자신이 엘리의 전철을 밟고 있지는 않은지 성찰하십시오.

자녀들이 워낙 제멋대로라서 통제할 수 없다는 부모들이 있습니다. 하지만 그것은 변명이 될 수 없습니다. 오히려 자녀들을 양육하면서 부모의 권위를 마음껏 무시하도록 키웠다는 증거밖에 되지 않습니다. 어릴 적부터 부모의 권위 있는 통제를 받지 못한 아이들은 나중에 아무리 타이르고 책망해봤자 전혀 통하지 않는 법입니다. 이런 잘못을 저지르는 부모들이 참으로 얼마나 많은지 모릅니다.

세상에 부패가 만연하게 된 근본적인 원인 중 하나가 여기에 있습니다. 이 시대에는 질서 있는 가정이 보기 드물고, 가정을 다스리는 의무와 가르침은 크게 쇠퇴하였습니다. 수많은 젊은이가 방탕과 부패한 행위를 일삼는 이유도 마찬가지입니다. 하나님의 말씀대로 가정을 다스리는 부모를 찾아보기가 쉽지 않습니다. 이 의무를 가볍게 여기는 부모들로 인해 자녀들이 죄를 짓고 영혼을 파멸로 이끌고 있습니다. 이 결과에 대한 책임은 다시 부모에게 돌아갈 것입니다.

가정을 다스릴 때 부모가 하나님 말씀 앞에 뜻을 맞추는 것이 중요합니다. 다시 말해 부모 중 한 사람은 자녀에게 너그럽고, 다른 한 사람은 엄격하여 서로가 틀렸다고 말하면 안 된다는 것입니다. 한 사람이 자녀를 꾸짖고 다른 한 사람이 감싸는 식으로 가정을 다스리면 자녀 교육을 망칠 수 있습니다. 따라서 부모라면 누구나 이 문제와 관련한 죄를 짓고 있지는 않은지 깊이 생각해야 합니다.

셋째, 자녀들은 부모에게 죄를 범하지 마십시오.

이번에는 자녀들에게 권고하고자 합니다. 창세기를 보면 노아가 포도주에 취해 벌거벗은 이야기가 나옵니다. 이것은 분명 노아의 약점이었습니다. 그런데 함이라는 아들은 그런 아버지를 조롱했고, 셈과 야벳이란 두 아들은 벌거벗은 아버지를 보지 않은 채 가만히 약점을 가려 주었습니다. 그 결과 함은 자신은 물론 그 후손까지 저주의 굴레를 썼고, 셈과 야벳은 복을 받았습니다. 자기 자신이 어디에 속하는 사람인지 깊이 생각해 보십시오. 순종하지 않는 자녀는 부모의 약점을 들춰 비난하는 경향이 있습니다. 부모에게 약점이 있다고 해서 그들을 무시하는 죄를 짓지는 않았습니까? 부모에게 불순종하는 죄를 짓고 있지는 않습니까? "그의 부모를 경홀히 여기는 자는 저주를 받을 것이라"(신 27:16)는 말씀 앞에 떳떳합니까? 만일 부모를 무시한다면 말씀대로 저주를 받을 각오를 해야 할 것입니다. "너를 낳은 아비에게 청종하고 네 늙은 어미를 경히 여기지 말지니라"(잠 23:22)는 말씀처럼 부모가 선천적으로 혹은 나이가 들어 연약해졌다고 해서 멸시하지는 않았습니까?

부모의 충고와 책망을 무시하는 습성이 있는지 살펴보십시오. 부모가 죄를 짓지 말라고 타이르고 잘못된 행동을 나무랄 때 화를 내고 무시하는 경향이 있지는 않습니까? 평소 부모의 훈계를 존중합니까? 아니면 교만하게 그 말을 거부하며 분노합니까? 그렇다면 부모를 사랑하고 존중하기는커녕 마음이 더 부패하고 왜곡되어 악감정을 품게 될 수 있습니다.

"아비의 훈계를 업신여기는 자는 미련한 자요"(잠 15:5)라는 말씀에 언급된 '미련한 자'에 해당된다면 "아비를 조롱하며 어미 순종하기를 싫어하는 자의 눈은 골짜기의 까마귀에게 쪼이고 독수리 새끼에게 먹히리라"(잠 30:17)라는 말씀의 저주를 자초하게 될 것입니다.

부모가 어떤 일로 자신을 반대했다는 이유로 불만을 쏟아내지는 않습니까? 부모의 잘못을 찾아내 분노를 드러내는 경향이 있습니까? 이런 태도는 중대한 범죄입니다. 하나님의 말씀에 따르면 이보다 더 많이 저주를 초래하는 죄는 없습니다.

SELF - EXAMINATION AND RESOLUTIONS

3부
실행

점검하고
결단하라!

9장

자기 성찰에 대한 고민과 답변

　자기 성찰을 통해 스스로가 죄의 길로 행하고 있다는 걸 깨달은 사람은 잘못된 삶의 태도를 고치기를 원할 것입니다. 이번에는 그런 사람들에게 도움이 될 만한 조언을 제시하려고 합니다. 앞서 자기 성찰을 위한 구체적인 주제를 다루면서 자신 안에 악한 행위가 있는지 찾고 발견하는 여러 가지 방법을 제시했습니다. 그러면 이제 어떤 결론을 내렸습니까? 자신이 죄의 길로 행하지 않았다고 생각합니까? 물론 죄에서 온전히 깨끗한지를 묻는 것은 아닙니다. 그런 삶은 누구에게서도 기대하기 어렵기 때문입니다. 열왕기상 8장 46절의 말씀처럼 "범죄하지 아니하는 사람"은 하나도 없습니다. 위 질문의 의도는 삶의 태도나 방식에 특별히 잘못된 것은 없는지를 묻는 것입니다. 하나님께서도 그런 것으로부터 깨끗한 사람, 곧 "행위가 온전하여" "불의를 행하지 아니하"는 사람들이 분명히 존재한다고 말씀하셨습니다(시 119:1-3 참조).

이 책을 읽고 스스로를 점검하면서 무엇을 발견했는지 양심적으로 대답해 보십시오. 자신이 죄를 짓고 있다는 것을 발견했습니까? 현재 죄의 길로 행하며 그 가운데 살고 있습니까? 죄의 길에서 벗어나기 위해 고민하는 여러 가지 질문에 조언을 남기려고 합니다.

1. 다른 이들은 하나님과 소통하는 것 같은데 저는 하나님이 느껴지지 않습니다. 그 이유가 무엇일지 궁금합니다.

그토록 오랫동안 구원에 관심을 기울이고, 그토록 열심히 하나님을 찾았지만 그분이 아무 대답이 없으시다면 도대체 무엇이 문제인지 궁금할 것입니다. 다른 사람들은 위로를 받은 것처럼 보이는데 자신은 여전히 어둠 속에 있는 것이 이해되지 않을 수 있습니다. 그러나 그런 노력을 기울이는 동안, 어떤 식으로든 죄를 행해온 것은 아닌지 자신을 살펴보십시오. 만일 그동안 죄를 지으며 살아왔다면 모든 기도와 노력이 헛수고가 되었을 것입니다.

구원을 간구하는 올바른 태도는 그리스도인의 모든 의무를 부지런히 행하고, 경건하지 못한 습관을 속히 버리는 것입니다. 부패한 부분이 있다면 재빨리 잘라내십시오. 그리스도께서는 그것으로 인해 지옥에 갈 수 있다고 말씀하셨습니다.

"만일 네 오른 눈이 너로 실족하게 하거든 빼어 내버리라 네 백체 중 하나가 없어지고 온 몸이 지옥에 던져지지 않는 것이 유익하며 또한 만일 네 오른손이 너로 실족하게 하거든 찍어 내버리라 네 백체 중 하나가 없어지고 온 몸이 지옥에 던져지지 않는 것이 유익하니라"(마 5:29, 30).

2. 영혼에 은혜가 넘치기는커녕 점차 쇠약해지는 이유는 무엇이겠습니까?

은혜 안에서 성장한다는 것은 하나님의 계명을 준수하고, 믿음을 철저히 실천하는 것을 의미합니다. 이렇게 살아가는 사람들의 마음속에서는 은혜가 차고 넘칩니다. 그러나 어떤 식으로든 죄를 짓는 것은 마치 중요한 신체 장기에 병이 든 것과 같습니다.

단 한 가지의 죄에 사로잡혀 있다 해도 영혼이 형통할 수 없고, 마음속에 부어주신 은혜가 왕성하게 자랄 수 없게 됩니다. 죄는 하나님의 성령을 근심시켜 떠나시게 만듭니다. 죄는 하나님의 말씀과 계명이 우리 안에서 선한 영향력을 발휘해 은혜를 풍성하게 하는 것을 방해합니다. 좋은 음식으로 진수성찬을 차려 배불리 먹어도 악성 종양이 있다면 사람은 쇠약하고 무기력해질 것입니다. 죄는 바로 그 종양과 같습니다.

3. 큰 죄에 빠져들어 영혼이 크게 해로워졌습니다. 어쩌다 이렇게까지 되었을까요?

작은 부분에서 죄를 피하지 않고, 하나님께 범사에 복종하지 않는 사람은 큰 죄에 빠져들 가능성이 매우 높습니다. 죄는 항상 열려 있는 출입문과 같아서 사탄이 제멋대로 드나들 수 있게 만듭니다. 죄는 언제든 적군이 쳐들어오게 하는 성벽의 갈라진 틈과 같습니다.

또한 죄는 영적 부패로 이어집니다. 그런 죄는 댐에 난 구멍 같아서 막지 않고 방치하면 점점 더 커져 전체를 위험에 빠뜨립니다. 죄는 기드온의 에봇과 같습니다. 그의 에봇은 그와 자기 집안을 옭아맨 올무였습니다.

4. 영적 어둠에 휩싸여 하나님의 임재와 위로가 전혀 느껴지지 않습니다.

하나님과의 교제를 통한 달콤한 은혜를 누리지 못하고, 하나님이 멀리 떠나 얼굴을 감추신 것처럼 느껴질 때가 있습니다. 그분이 자신의 영광과 은혜를 보여주지 않으시고 어두운 광야를 헤매도록 방치하시는 것처럼 느껴지는 것입니다. 하나님께 얼굴빛을 비춰 달라고 부르짖어도 아무런 응답이 없고, 이 때문에 낮이나 밤이나 슬프기만 합니다. 그러나 이런 때가 자신을 살피고 점검하는 기회가 될 수 있습니다. 스스로를 성찰하면서 자신의 죄를 발견한다면 그것이 문제를 일으킨 원인이라고 볼 수 있을 것입니다. 아간이 숨긴 죄처럼 하나님을 분노하시게 만들었던 것이 있을 수도 있습니다. 하나님이 떠나시고 영혼에 어두운 먹구름이 임한 원인도 바로 거기에 있습니다. 성령의 위로를 받지 못하는 이유 역시 죄를 지어 그분을 근심하시게 만들었기 때문일 것입니다.

그리스도께서는 제자들에게 자신을 나타내실 것이라고 약속하셨습니다. 그러나 먼저 그분의 명령을 지킨다는 조건이 충족되어야 했습니다. 그리스도께서는 "나의 계명을 지키는 자라야 나를 사랑하는 자니 나를 사랑하는 자는 내 아버지께 사랑을 받을 것이요 나도 그를 사랑하여 그에게 나를 나타내리라"(요 14:21)라고 말씀하셨습니다. 만일 그리스도의 명령을 습관적으로 거역한다면 그분의 위로가 주어지지 않는다고 해도 이상할 것이 없습니다. 하나님의 특별한 은혜를 받고 그분과 위로가 넘치는 교제를 나누려면 그분과의 친밀한 동행이 이루어져야 합니다.

5. 오랫동안 제 영혼이 어떤 상태에 놓였는지 의구심을 느껴 왔다면 무엇이 필요하겠습니까?

사람이 진정으로 회심했다면 하나님과 친밀하게 동행하게 됩니다. 성령께서 우리의 영과 더불어 우리가 하나님의 자녀라는 것을 증언하십니다. 이미 살펴본 대로 영혼 안에서 은혜가 풍성해지고 활발하게 역사하려면 하나님과의 친밀한 동행이 이루어져야 합니다. 은혜가 역사할수록 그 증거가 더욱 밝히 드러납니다. 하나님은 우리의 아버지요 친구로서 자신을 나타내십니다.

따라서 진정으로 구원을 받은 사람은 자기 안에서 그분의 사랑과 은혜가 나타나는 것을 확실히 볼 수밖에 없습니다.

그러나 죄의 길을 행한다면 그런 증거가 희미해지고, 은혜 역시 온전히 역사하지 못합니다. 회심 여부와 상관없이 죄를 온전히 버리기 전에는 아무런 위로를 느낄 수 없고, 하나님의 얼굴빛이 가려질 수밖에 없습니다.

6. 현재 시련을 겪고 있습니다. 이것이 책망이나 징계는 아닐지 궁금합니다.

그렇다면 다음과 같은 이유 때문일 수도 있습니다. 하나님은 죄를 지은 자기 백성을 세상에서 혹독하게 징계하실 때가 있습니다. 모세와 아론은 하나님을 온전히 신뢰하지 않고 므리바에서 제멋대로 말을 한 죄로 가나안 입성을 허락받지 못했습니다.

하나님은 다윗도 혹독하게 징계하셨습니다. 그의 가정에 큰 화가 임한 것입니다. 그의 아들 하나는 그의 딸을 강간했고, 또 다른 아들은 자기 형제를 살해하고 아버지의 왕위를 찬탈했습니다. 그뿐 아니라 그 아들은 온 백성이 보는 앞에서 아버지의 첩들을 범하고 반란을 일으키다 결국 비참한 최후를 맞이했습니다.

그런 일이 있은 후에 또다시 세바의 반란이 일어났고, 다윗의 또 다른 아들이 왕위 찬탈을 노리는 등, 다윗은 생애 말년에 어려운 시련을 많이 겪어야 했습니다.

하나님은 사악한 아들들을 다스리지 못한 제사장 엘리에게도 엄한 심판을 내리셨습니다. 그의 두 아들의 목숨을 한날한시에 거두셨고, 엘리 역시 비참한 죽음을 맞게 하셨으며, 이방 민족이 언약궤를 탈취하도록 허락하신 것입니다.

또한 하나님은 그의 가문을 영원히 저주하셨습니다. 그분은 어떤 제물이나 희생 제사를 드려도 엘리의 가문이 저지른 죄를 속량하지 못할 것이고, 그의 가문에서 태어난 사람은 모두 젊어서 죽게 될 것이라고 선언하셨습니다. 그리고 그의 가문에서 제사장직을 빼앗아 다른 가문에 넘겨주셨습니다.

하나님의 섭리로 인해 시련과 징계를 받고 있다면 죄 때문일 가능성이 큽니다. 물론 이웃들이 이러한 사건들을 보고 나를 판단할 권리는 없습니다. 그러나 하나님이 나와 등지고 계시지는 않은지 살펴봐야 할 필요가 있습니다.

7. 죽음이 끔찍하게 느껴지고 두렵습니다. 어떻게 해야 하겠습니까?

죄사함의 소망을 품고 있더라도 죽음을 생각하면 소름이 돋고, 죽어서 영원한 세상에 가는 것이 두렵게만 느껴진다면 자기 내면을 면밀히 살필 필요가 있습니다.

죄는 육신적이고 세속적인 생각을 심어 놓습니다. 그러면 은혜가 힘을 잃고, 하늘의 기쁨을 느끼는 마음이 크게 줄어들며, 하나님의 임재와 은혜로 인한 위로가 사라지게 됩니다. 하늘의 기쁨과 천국을 생생하게 의식하지 못하기 때문에 죽음을 생각할 때 두려움이 느껴지는 것입니다. 질병에 걸리거나 생명을 위협하는 일을 당할 때 공포에 질려 어쩔 줄 모른다면, 역시 평소에 죄의 길을 걷고 있는 데에 원인이 있을 수 있습니다.

죽음을 생각하면 위로가 느껴지고, 죽음에 직면했을 때 평화와 고요함을 유지하려면 삶에서 하나님과 친밀하게 동행하며 그분의 계명에 온전히 복종해야 합니다. 하나님을 기쁘시게 하지 못한 행동들 때문에 때로는 경건한 사람들도 죽음의 공포를 느낍니다.

지금까지 말한 내용을 토대로 스스로가 죄의 길로 행하고 있다는 것을 발견하였습니까? 그렇다면 더 이상 이전의 삶을 고집하면 안 됩니다. 이후부터 범하는 죄는 알고 짓는 것임을 기억하십시오. 지금까지 알고 죄를 지었을 수도 있고, 모른 채로 죄를 지었을 수도 있습니다. 행여 지금까지는 무지와 부주의함 때문에 죄를 지었다고 해도, 깨달음 이후에도 여전히 죄의 길을 고집한다면 이제는 고의로 죄를 짓게 된다는 걸 나타냅니다. 그러므로 앞으로도 사는 날 동안 부지런히 스스로를 살피며 점검하는 일을 멈추면 안 될 것입니다.

10장
영적 성장을 돕는 자기 점검표

실제적인 자기 성찰을 돕기 위해 본문을 토대로 점검 항목들을 정리했습니다. 아래의 질문들은 본문에서 논의된 주제를 신속하게 복습하기에 적합할 뿐 아니라 소그룹 모임에서 나눔을 갖는 데에도 편리합니다.

1. 구원과 죄에 관한 점검

"너희는 믿음 안에 있는가 너희 자신을 시험하고 너희 자신을 확증하라 예수 그리스도께서 너희 안에 계신 줄을 너희가 스스로 알지 못하느냐 그렇지 않으면 너희는 버림 받은 자니라"(고후 13:5).

"하나님이여 나를 살피사 내 마음을 아시며 나를 시험하사 내 뜻을 아옵소서 내게 무슨 악한 행위가 있나 보시고 나를 영원한 길로 인도하소서"(시 139:23, 24).

✓ SELF - EXAMINATION CHECK LIST

☐ 1. 내 안에 예수 그리스도가 계심을 확신하는가?

☐ 2. 하나님께 내 마음과 뜻을 살펴달라고 기도하는가?

☐ 3. 내 안에 '무슨 악한 행위가 있는지' 알기 위해 힘쓰는가?

☐ 4. 알고서 죄를 지어 양심의 빛을 거스르지는 않는가?

☐ 5. 혹시 부주의하여 저지르는 죄는 없는가?

☐ 6. 죄가 익숙해진 까닭에 습관적으로 저지르는 죄가 있는가?

☐ 7. 죄를 합리화하여 나의 악한 행위를 변명하려고 하지는 않는가?

☐ 8. 가까운 이들에게 내가 미처 발견하지 못한 잘못을 깨우쳐 달라고 부탁하는가?

☐ 9. 나를 드러내고 인정받기 위해 스스로 괜찮은 사람인 척하지는 않는가?

☐ 10. 다른 사람들의 잘못을 발견했을 때 내게도 같은 결함이 있는지 먼저 자신을 살피는가?

☐ 11. 기도와 예배만 드리고, 이웃을 섬기고 사랑하는 일에는 소홀하지 않았는가?

☐ 12. 봉사와 사역만 하고 기도와 예배를 소홀히 하지는 않는가?

2. 말씀 연구와 묵상에 관한 점검

"모든 성경은 하나님의 감동으로 된 것으로 교훈과 책망과 바르게 함과 의로 교육하기에 유익하니"(딤후 3:16).

"내가 주께 범죄하지 아니하려 하여 주의 말씀을 내 마음에 두었나이다"(시 119:11).

✓ SELF-EXAMINATION CHECK LIST

☐ 13. 하나님의 말씀을 정기적으로 읽고 묵상하는가?

☐ 14. 말씀을 읽거나 들으면서 내 인격과 행위가 말씀에 일치하는지 점검하는가?

☐ 15. 성경에 나온 규범들을 잘 지키며 살고 있는가? 어긴 것은 없는지 살피는가?

☐ 16. 성경 속의 여러 죄악을 보면서 나는 그런 죄를 짓지 않는지 돌아보는가?

☐ 17. 성경에서 하나님이 칭찬하신 행위와 의무를 기억하여 내 삶에서 실천하고 있는가?

☐ 18. 죄인지 아닌지 불분명한 행위를 말씀으로 판단하기 어려울 때 경건한 지도자에게 조언을 구하는가?

☐ 19. 내 마음에 드는 말씀만 지키고 마음에 들지 않는 말씀은 외면하지 않는가?

3. 주일 성수와 성찬, 예배에 대한 점검

"안식일을 기억하여 거룩하게 지키라"(출 20:8).

"아름답고 거룩한 것으로 여호와께 예배할지어다 온 땅이여 그 앞에서 떨지어다"(시 96:9).

✓ SELF - EXAMINATION CHECK LIST

☐ 20. 주일을 거룩히 여겨 내 언행과 생각을 절제하는가?

☐ 21. 주일을 지키기 위해 평일에 모든 일을 끝마치려 하는가?

☐ 22. 주일을 세속적인 여흥에 빠지는 날로 만들지는 않았는가?

☐ 23. 주일에 늦잠을 자고 게으름을 피우며 시간을 허비하는가?

☐ 24. 주일을 하나님과 구원에 대해 묵상하는 기회로 삼는가?

☐ 25. 교회 예배에 종종 지각을 하지는 않는가?

☐ 26. 예배 중에 마음을 다해 큰 목소리로 찬양을 부르는가?

☐ 27. 예배 중에 잡담을 하거나 딴 생각을 일삼지는 않는가?

☐ 28. 예배 중에 졸거나 잠을 자는 죄를 짓지는 않는가?

☐ 29. 설교자가 전하는 말씀에 집중하며 내 삶에 적용하는가?

☐ 30. 교회 형제나 자매를 견책하면 그의 비위를 건드릴까 두려워 회피하지는 않는가?

☐ 31. 다른 성도의 더러운 죄를 발견했을 때 적절한 절차를 통해 교회가 처리하도록 하는가?

4. 은밀한 죄에 대한 자기 점검

"너는 기도할 때에 네 골방에 들어가 문을 닫고 은밀한 중에 계신 네 아버지께 기도하라 은밀한 중에 보시는 네 아버지께서 갚으시리라"(마 6:6).

"모든 지킬 만한 것 중에 더욱 네 마음을 지키라 생명의 근원이 이에서 남이니라"(잠 4:23).

✓　　　　　　　　　　　　　　SELF- EXAMINATION CHECK LIST

☐ 32. 나는 성경을 매일 곁에 두고 읽고 묵상하는 개인 경건의 시간을 철저히 지키는가?

☐ 33. 나는 은밀하게 기도하는 일을 늘 행하고 있는가?

☐ 34. 마음속으로 은밀히 음란한 생각을 하거나 육신의 정욕을 만족시키지는 않는가?

☐ 35. 스스로 육신의 욕망을 추구하며 부추기지는 않는가?

☐ 36. 다른 사람들은 못 보지만 자기 양심의 제약을 받는 은밀한 행위는 없는가?

5. 이웃에 대한 태도 점검

"너희가 만일 성경에 기록된 대로 네 이웃 사랑하기를 네 몸과 같이 하라 하신 최고의 법을 지키면 잘하는 것이거니와"(약 2:8).

"나는 너희에게 이르노니 형제에게 노하는 자마다 심판을 받게 되고 형제를 대하여 라가라 하는 자는 공회에 잡혀가게 되고 미련한 놈이라 하는 자는 지옥 불에 들어가게 되리라"(마 5:22).

✓ ──────────────── SELF - EXAMINATION CHECK LIST

- [ ] 37. 쉽게 화를 내는 성격이라면 분노를 다스리려고 노력하는가?
- [ ] 38. 나를 반대하거나 존중하지 않는 이웃을 미워하는가?
- [ ] 39. 이웃이 나를 미워한다고 나도 같이 미워하지는 않는가?
- [ ] 40. 이웃이 나쁜 일을 당해서 기분이 좋았던 적은 없는가?
- [ ] 41. 내가 이웃에게서 입은 피해를 되갚아 줄 기회가 온다면 즐거워하겠는가? 또 피해를 되갚아 주겠는가?
- [ ] 42. 이웃의 번영과 부와 명예를 시기하지는 않았는가?
- [ ] 43. 나는 이웃들에게 신뢰할 만하고, 진실한 사람인가?
- [ ] 44. 어떤 방식으로든 빚을 졌다면 제때에 확실하게 갚는가?
- [ ] 45. 이웃에게 손해를 끼치고 보상을 소홀히 하지는 않는가?
- [ ] 46. 이웃이 어려울 때 그를 궁지로 몰아넣은 적은 없는가?

☐ 47. 이웃의 무지를 이용해 사사로운 이익을 챙기지는 않는가?

☐ 48. 거래를 할 때 결함을 감추거나 상대방을 속여서 이익을 취하진 않는가?

☐ 49. 나보다 힘이 없는 다른 사람을 억압하지는 않는가?

6. 자선과 교제에 대한 점검

"귀를 막고 가난한 자가 부르짖는 소리를 듣지 아니하면 자기가 부르짖을 때에도 들을 자가 없으리라"(잠 21:13).

"너는 네 형제를 마음으로 미워하지 말며 네 이웃을 반드시 견책하라 그러면 네가 그에 대하여 죄를 담당하지 아니하리라"(레 19:17).

✔ SELF - EXAMINATION CHECK LIST

☐ 50. 어려운 상황에 처한 이웃에게 관심을 기울이는가?

☐ 51. 궁핍한 이웃에게 손을 펼쳐 실제적인 도움을 주는가?

☐ 52. 체면을 유지하기 위해 억지로 구제를 행하지는 않았는가?

☐ 53. 이웃이 죄악의 길을 갈 때 사랑으로 그를 책망하는가?

☐ 54. 다른 사람과의 훼손된 관계를 회복하려 노력하는가?

☐ 55. 음탕하고 부도덕한 사람들과 어울리기를 좋아하는가?

☐ 56. 다른 사람들과 대화하면서 험담이나 비방, 아첨을 하지는 않는가?

☐ 57. 험담과 비방, 음탕한 대화에서 마음으로는 동의하지 않지만 그들에게 동조하는 태도로 듣지는 않는가?

☐ 58. 불확실한 소문을 들었을 때 사실 확인 없이 함부로 옮기지는 않는가?

☐ 59. 다른 사람들에 대해 이것저것 판단하는 말을 하지는 않는가?

☐ 60. 서로 다른 의견 사이에서 이중적이고 솔직하지 못한 태도를 취한 적은 없는가?

☐ 61. 이웃과 대화할 때 작은 것이라도 오직 진실만을 말하려고 노력하는가?

☐ 62. 허풍을 떨거나 교묘하게 왜곡하는 말을 하지는 않는가?

---

7. 가족에 대한 태도 점검

"너희도 각각 자기의 아내 사랑하기를 자신 같이 하고 아내도 자기 남편을 존경하라"(엡 5:33).

"아비들아 너희 자녀를 노엽게 하지 말고 오직 주의 교훈과 훈계로 양육하라"(엡 6:4).

"자녀들아 모든 일에 부모에게 순종하라 이는 주 안에서 기쁘게 하는 것이니라"(골 3:20).

✓ SELF - EXAMINATION CHECK LIST

☐ 63. 가족들을 돕고 친절하게 대하며 사랑을 베푸는가?

☐ 64. 가족들 사이에서 다툼의 원인을 제공하거나 다툼을 더 크게 만들지는 않았는가?

☐ 65. 가장으로서 가족의 몸과 마음과 영혼의 필요를 잘 돌보고 있는가?

☐ 66. 결혼 서약을 존중하고 기억하여 부부 사이의 모든 의무를 다하고 있는가?

☐ 67. 배우자에 대한 쓴 뿌리를 품거나 그와 사소한 오해나 실수로 다투지 않는가?

☐ 68. 배우자나 다른 가족들에게 쉽게 분노를 드러내지는 않는가?

☐ 69. 배우자의 성격과 필요를 이해하고 그에 맞추려고 노력하는가? 아니면 내 자신을 먼저 만족시키는가?

☐ 70. 남편으로서 성경에 어긋나는 권위적인 태도로 아내에게 군림하지는 않는가?

☐ 71. 아내로서 남편에게 순종하고 있는가?

☐ 72. 부모 두 사람이 함께 공정하고, 일관되고, 효과적으로 자녀를 징계하고 있는가? 이를 사랑으로 행하는가?

☐ 73. 배우자가 자녀들을 가르치고자 할 때 협력하는가?

☐ 74. 자녀로서 부모님의 조언과 책망을 기꺼이 받아들이면서 그들을 존중하는가?

☐ 75. 부모님에게 약점이 있다는 이유로 판단하거나, 부모님이 노쇠해졌다는 이유로 무시하지는 않는가?

11장

내 영혼의 유익을 위한 결심문

조나단 에드워즈는 일기를 쓰며 경건한 삶을 위한 자신의 결심을 남겼습니다. 70가지 항목으로 이루어진 그의 결심문은 지금까지 수많은 성도들이 자신을 살피고 결단하는 일에 표본을 제공해 주었습니다. 이 책은 자기 점검을 마치고 자기 결단에도 이를 수 있도록 조나단 에드워즈의 결심문을 함께 수록합니다. 이 결심문을 믿음의 푯대로 삼아 하나님 앞에 경건한 삶을 살아가는 데에 지표로 사용해보길 바랍니다. 교회에서 믿음의 형제자매들과 같이 결단하며 서로 격려하여 영적 진보를 이루는 데 활용된다면 더욱더 유익할 것입니다.

"형제들아 나는 아직 내가 잡은 줄로 여기지 아니하고 오직 한 일 즉 뒤에 있는 것은 잊어버리고 앞에 있는 것을 잡으려고 푯대를 향하여 그리스도 예수 안에서 하나님이 위에서 부르신 부름의 상을 위하여 달려가노라"(빌 3:13, 14).

조나단 에드워즈의 결심문

하나님의 도우심이 없다면 아무것도 할 수 없음을 고백합니다. 저의 다짐이 하나님의 뜻과 합한다면 제게 은혜를 베푸셔서 그리스도를 위해 이 결심들을 지킬 수 있는 능력을 주시기를 겸손히 간구합니다. 아래의 결심을 반드시 일주일에 한 번씩 읽겠습니다.

[결심 1] 하나님의 영광을 높임

일평생 하나님의 영광을 드높이고 나 자신의 행복과 유익, 기쁨을 증진시키는 일은 무엇이든 행하기로 결심한다. 또 인류의 행복과 유익에 가장 크게 기여하는 일, 곧 하나님이 주신 의무는 무엇이든 행한다. 어떤 어려움을 만나든지, 그 어려움이 얼마나 크든지 이를 반드시 행한다.

[결심 2] 하나님의 영광을 추구함

위의 결심을 위해 계속해서 새로운 아이디어나 방법을 찾는다.

[결심 3] 무뎌진 결심을 회개함

내가 차츰 무뎌져 이 결심 가운데 어느 한 가지라도 소홀히 한다면, 제정신을 차렸을 때 기억나는 모든 죄를 낱낱이 회개한다.

[결심 4] 오직 하나님께 영광

하나님의 영광을 드높이는 것이 아니면 그 무엇도 행하지 않는다. 그것이 영혼과 관련된 것이든 육체와 관련된 것이든 피할 수 있으면 피하고, 크건 작건 절대 허용하지 않는다.

[결심 5] 시간을 관리함

시간을 헛되이 낭비하지 않고 한순간이라도 가능한 한 가장 유익하게 사용한다.

[결심 6] 삶의 태도를 결심함

살아 있는 동안 최선을 다해 산다.

[결심 7] 행동의 기준을 세움

죽음 앞에서 감히 두려워서 못 할 짓이라면 절대 하지 않는다.

[결심 8] 항상 자신을 돌아봄

무슨 말이나 행동을 할 때마다 나만큼 악한 사람은 아무도 없으며, 또 나도 다른 사람들과 똑같이 죄를 짓고 나 역시 그들과 똑같은 결점과 약점이 있음을 잊지 않는다. 다른 사람의 잘못을 거울삼아 내 안에 있는 부끄러운 일을 살피고, 나의 죄와 비참함을 하나님께 고백한다.

[결심 9] 유한한 존재임을 인식함
언젠가는 내가 죽는다는 사실을 기억하며, 죽음이 임박했을 때 나타나는 일반적인 상황을 늘 염두에 둔다.

[결심 10] 고통을 인내하는 법
고통스러울 때는 순교의 고난과 지옥의 고통을 떠올린다.

[결심 11] 신학 문제를 해결함
신학적인 문제가 있을 때는 상황이 허락하는 한 즉시 해결하기 위해 최선을 다한다.

[결심 12] 은밀한 정욕을 물리침
만일 내가 교만이나 허영심과 같은 정욕을 만족시키기 위해 은근히 즐거워하는 일이 있다면 즉시 그 일을 중단한다.

[결심 13] 이웃 사랑의 실천
구제와 긍휼이 꼭 필요한 이웃을 찾기 위해 노력한다.

[결심 14] 악한 의도를 거부함
어떤 일도 복수심을 이유로 행하지 않는다.

[결심 15] 분노를 다스림
분별없는 사람들을 상대로 분노를 조금도 표출하지 않는다.

[결심 16] 타인을 비방하지 않음

실질적인 유익이 없다면 무슨 이유로든 다른 사람을 비판하여 그를 불명예스럽게 만들지 않는다.

[결심 17] 후회 없는 삶

죽음이 다가왔을 때 후회할 일이 없도록 살아간다.

[결심 18] 최선을 선택하는 자세

나의 영적으로 가장 경건하고, 내세와 복음의 진리가 분명하게 살아 역사하는 순간에 내가 최선이라고 생각하는 일을 행한다.

[결심 19] 마지막 날을 기억함

마지막 나팔소리가 울리기까지 채 한 시간도 남지 않은 상황이라면 감히 두려워 엄두조차 내지 못할 일은 결단코 하지 않는다.

[결심 20] 탐식을 피하고 절제함

먹고 마시는 일은 철저히 절제한다.

[결심 21] 악은 모양이라도 버림

다른 사람의 행위 가운데 경멸스럽고 천박하다고 간주할 만한 일은 절대로 행하지 않는다.

[결심 22] 천국을 준비함

천국에서 더 많은 행복을 누리기 위해 생각해 낼 수 있는 방법을 모두 동원하고, 또 발휘할 수 있는 힘과 능력과 활기와 열정과 맹렬한 노력을 모두 기울인다.

[결심 23] 언행을 신중히 함

항상 신중을 기해 행동한다. 하나님의 영광을 가릴 것 같은 행동은 그 동기와 계획과 목적을 다시 살피고, 하나님의 영광을 위한 일이 아니라면 네 번째 결심에 위배되므로 즉시 중단한다.

[결심 24] 악을 제거함

내가 악한 행위를 저지른 것이 분명하게 드러날 때면 그 원인을 끝까지 찾아내 더 이상 그런 행위를 저지르지 않고, 그 원인을 제거하기 위해 기도하며 힘써 노력한다.

[결심 25] 사랑 안에 견고히 거함

내 안에 하나님의 사랑을 조금이라도 의심하게 만드는 무언가가 있는지 항상 주의 깊게 살피고 온 힘을 다해 마음에서 제거하려고 노력한다.

[결심 26] 믿음을 굳세게 함

나의 확신을 흔들리게 하는 모든 것은 무엇이든 즉시 버린다.

[결심 27] 게을러지지 않도록 함

하나님의 영광을 위해 어떤 일을 하지 않을 수는 있지만, 마땅히 해야 할 일을 일부러 소홀히 하지는 않도록 노력한다. 내가 해야 할 일을 등한시 여기지는 않는지 자주 점검한다.

[결심 28] 성경을 연구함

성경을 꾸준히 연구하며 발견하고 깨우쳐서 하나님을 아는 지식 안에서 성장해 나간다.

[결심 29] 하나님 마음에 맞는 기도

하나님이 응답해 주시길 바랄 수 없는 기도는 기도로 여기지 않는다. 하나님이 받아주시길 바랄 수 없는 고백을 고백이라 생각하지도 않는다.

[결심 30] 신앙이 성장하도록 노력함

한 주가 지날 때마다 지나간 주보다 믿음이 더 많이 성장하고, 은혜가 더욱 넘치는 삶을 살 수 있도록 최선을 다한다.

[결심 31] 비판에 대한 기준

다른 사람에 대한 비판은 가급적 삼가겠지만, 기독교의 명예와 인류에 대한 사랑과 황금률에 부합하는 경우에는 나의 결함과 잘못을 의식하는 가운데 지극히 겸손한 태도로 신중히 비판을 가한다. 사람을 비판할 때는 이 기준을 엄격하게 적용한다.

[결심 32] 충성되게 행함

"충성된 자를 누가 만날 수 있으랴"(잠 20:6)라는 말씀이 내게 해당되지 않도록 항상 신임을 잃지 않고 충실하려고 노력한다.

[결심 33] 화평하게 함

다른 측면에서 피해를 주는 일이 아니라면 평화를 만들고, 유지하고, 확립하고, 보존하기 위해 항상 최선을 다한다.

[결심 34] 진실한 언행

무슨 말을 할 때는 오직 거짓 없는 진실만을 말한다.

[결심 35] 돌이켜보고 정리함

내가 의무를 제대로 행하고 있는지 의문이 생겨 마음의 평화와 고요함이 깨어질 때면 먼저 문제점을 정리한 뒤에 해결책을 강구한다.

[결심 36] 비판을 제어함

비판이 정당한 경우를 제외하고는 아무도 비판하지 않는다.

[결심 37] 매일 점검함

매일 밤마다 잠자리에 들기 전에 내가 소홀히 한 것은 없는지,

무슨 죄를 짓지는 않았는지, 나를 부정하게 한 것은 없는지 점검한다. 주말과 월말과 연말에도 그런 시간을 가진다.

[결심 38] 주일을 거룩히 지킴
주일에는 어리석은 말이나 뜻 없는 농담이나 우스갯소리를 하지 않는다.

[결심 39] 합법성을 살펴봄
사리에 어긋난다고 생각되는 일은 아무것도 행하지 않는다. 무엇을 행한 뒤에도 그게 타당했는지 점검한다. 또 어떤 일을 행하지 않았을 때도 그것이 온당했는지 살펴본다.

[결심 40] 식습관을 점검함
매일 밤, 잠자리에 들기 전에 먹고 마시는 문제와 관련해 올바르게 처신했는지 점검한다.

[결심 41] 처신을 살펴봄
매일 밤은 물론, 주말과 월말과 연말이 되면 더 바람직하게 처신할 수 있었던 일은 없었는지 살펴보는 시간을 갖는다.

[결심 42] 헌신을 새롭게 함
세례를 받고 성찬에 참여하면서 하나님 앞에서 엄숙히 헌신했던 기억을 자꾸 새롭게 되살린다. 나는 오늘도 헌신을 다시 마음에 되새겼다.

[결심 43] 하나님의 주권을 인정함

오늘 깨달은 대로 지금부터 죽을 때까지 내가 전적으로 하나님의 소유라고 생각하며 살아간다. 나는 내 것이 아니다.

[결심 44] 신앙을 우선함

오직 신앙적인 목적만이 내 행동에 영향을 주도록 한다. 어떤 상황에서도 신앙적인 목적에 위배되는 행동은 하지 않는다.

[결심 45] 믿음의 유익을 우선함

믿음에 유익한 것이 아니라면 쾌락이나 비애, 기쁨이나 슬픔 등의 그 어떤 감정도, 또 그 감정을 유발시키는 상황도 결코 허용하지 않는다.

[결심 46] 가족에 대한 태도

부모님께 조금이라도 걱정을 끼치는 일은 하지 않는다. 목소리나 낯빛으로라도 그런 기색을 드러내지 않도록 조심하고, 가족 중 어느 누구에게라도 그렇게 하지 않기 위해 각별히 주의한다.

[결심 47] 그리스도인다운 인격

친절하고, 선하고, 조용하고, 평화롭고, 자족하고, 침착하고, 동정심 많고, 관대하고, 겸손하고, 온유하고, 온건하고, 유순하고,

책임 있고, 부지런하고, 성실하고, 자비롭고, 공평하고, 참을성 많고, 절도 있고, 너그럽고, 진지한 인격이 되도록 노력한다. 여기에 도움이 되지 않는 행동은 무엇이든 하지 않는다. 내가 매주 그렇게 하고 있는지 철저하게 살핀다.

[결심 48] 영적 자기 점검
내 영혼의 상태를 꼼꼼하고 철저하게 부지런히 살펴 내가 진정으로 그리스도께 관심을 기울이고 있는지 점검한다.

[결심 49] 죄를 멀리함
내가 피할 수 있는 잘못은 절대 저지르지 않는다.

[결심 50] 옳은 길로 행함
영원한 나라에 가서 지금의 삶을 돌이켰을 때 가장 옳다고 판단하게 될 일만 행한다.

[결심 51] 후회 없도록 행함
마지막에 혹시라도 심판을 받아서 "그때 그렇게 했어야 했는데!"라며 후회할 일이 없도록 매사에 최선을 다한다.

[결심 52] 노인의 성찰을 기억함
"인생을 다시 산다면 이렇게 살 텐데……."라는 노인들의 말을 종종 듣는다. 내가 늙을 때 이렇게 살았으면 하고 후회할 일이 없도록 최선을 다한다.

[결심 53] 주님께 의지함

나의 심령 상태가 가장 좋고 행복할 때 더욱 힘써 내 영혼을 주 예수 그리스도께 맡긴다. 오직 그분을 신뢰하고 의지하며, 그분께 나를 온전히 바치기 위해 노력한다. 내가 나의 구원자이신 주님을 신뢰하면 그로써 구원의 확신을 얻을 수 있다.

[결심 54] 선을 본받음

어떤 사람과 대화를 나누다가 칭찬받을 만한 일을 듣게 된다면 그것을 본받으려고 노력한다.

[결심 55] 최선을 다함

천국의 행복과 지옥의 고통을 이미 맛본 사람처럼 지금 내가 해야 하는 일을 최선을 다해 행한다.

[결심 56] 자신과의 싸움

비록 번번이 실패할지라도 나의 부패한 본성과 싸우는 일을 게을리하거나 포기하지 않는다.

[결심 57] 하나님의 섭리 앞에 신실함

불행과 역경이 두려울 때는 나의 의무를 잘 이행했는지 살펴보고, 의무에 충실한다. 그런 상황을 하나님의 섭리로 받아들이고, 가능한 한 내가 행할 도리와 내가 지은 죄만을 생각한다.

[결심 58] 대화하는 태도

누군가와 대화를 나눌 때 거북하거나 초조한 기색을 내비치지 않고, 화를 내지 않고, 사랑스럽고 즐겁고 온화한 태도를 보인다.

[결심 59] 선한 태도

나쁜 성질이나 분노가 곧 터져 나올 것 같을 때는 좋은 감정을 유지하려고 최선을 다한다. 그것이 어떤 면에서는 내게 불리할 수도 있고, 또 신중하지 못한 것처럼 생각되더라도 선한 태도를 보이려고 노력한다.

[결심 60] 불안정한 감정을 살핌

감정이 불안정할 때, 즉 마음이 불편하고 감정이 무질서하게 겉으로 표출되려는 느낌이 들 때는 내 자신을 철저하게 살핀다.

[결심 61] 무기력에 대한 대처

활력을 잃고 마음이 느슨해져 믿음에 온전히 집중하지 못할 때는 이런저런 핑계를 대지 않고 극복하려고 노력한다. 이럴 때는 변명거리를 찾기 쉽지만 그렇게 하지 않는 것이 최선이다.

[결심 62] 오직 주께 하듯

오직 마땅히 해야 할 의무만을 행한다. "각 사람이 무슨 선을 행하든지 …… 주께로부터 그대로 받을 줄을 앎이라"(엡 6:8)라는 말씀을 기억하고, 마음을 다해 주님께 하듯 행한다.

[결심 63] 인격의 성숙을 추구함

모든 면에서 나무랄 데가 없는 완벽한 그리스도인이 단 한 사람 존재한다고 생각한다. 기독교의 참된 빛을 항상 밝게 비추고 늘 탁월하며 사랑스럽게 보이는 그런 사람이 나와 동시대에 살고 있다고 가정한다. 그리고 온 힘을 다해 노력하면 내 자신이 그런 사람이 될 수 있을 것이라고 생각하며 행동한다.

[결심 64] 하나님을 추구함

바울 사도가 말하는 "말할 수 없는 탄식"(롬 8:26), 그리고 시편 저자가 심령이 상할 정도로 "주의 규례를 사모"(사 119:20)하던 열정을 내게서 발견하면 그것을 온 힘을 다해 더 향상시킨다. 한편, 이러한 열망을 표출하기 위한 진지한 노력과 그 노력을 거듭 되풀이하는 시도를 결코 멈추지 않는다.

[결심 65] 하나님께 의지함

맨튼 박사가 전한 시편 119편 말씀대로 온갖 죄와 유혹, 시련과 슬픔, 두려움, 희망과 소원, 그리고 모든 것과 모든 상황 속에서 할 수 있는 한 가장 솔직한 마음으로 나의 행위를 하나님께 아뢰고(시 119:26 참조/역자주), 내 영혼을 그분께 온전히 열어 보인다.

[결심 66] 온유한 태도
하나님의 법도가 허용하는 범주 안에서, 어느 곳에서 누구와 어울리든 항상 말과 행동을 온화하게 유지한다.

[결심 67] 고난의 유익
어려움을 겪은 후에는 그로 인해 무엇이 더 나아졌고, 무슨 유익을 얻었으며, 어떤 교훈이 남았는지 생각한다.

[결심 68] 자신을 직면함
약점이든 죄든 내 안에서 발견되는 모든 것을 스스로 직면한다. 그것이 믿음과 관련되었다면 모든 것을 하나님께 아뢰고 필요한 도움을 간구한다.

[결심 69] 선을 따라 행함
다른 사람들의 행위 중에서 나도 따르고 싶은 좋은 일이 있다면 그것을 항상 행하도록 노력한다.

[결심 70] 은혜로운 언행
언제나 덕을 세우는 말을 한다.

나의 결심문

지금까지 읽으면서 떠오른 나만의 결심이 있다면 적어봅시다.

마무리 글

믿음의 경주를 시작하는 이들에게

조나단 에드워즈는 대각성 운동을 통해 회심한 신자들을 살펴보고 그들의 믿음을 독려하였습니다. 다음의 편지는 드보라 해서웨이라는 자매가 회심을 경험하고 에드워즈에게 믿음 생활에 대한 조언을 구하자 답신으로 보낸 내용입니다. 에드워즈는 영적 아비가 아이를 대하듯 온화하면서도 분명하게 믿음 안에서 확고히 서기 위한 조언을 전하고 있습니다. 오늘날의 크리스천들에게도 영혼의 유익을 위한 믿음의 지침으로 삼을 수 있길 바라며 에드워즈의 조언을 마무리 글로 맺습니다.

사랑하는 자매님께,

최근에 서필드에서 목격한 놀라운 일들이 은혜로운 기억으로 떠오릅니다. 또 그곳에서 대화를 나누었던 사람들에 대한 사랑이 느껴지는 것을 보니 하나님이 그들의 마음속에 구원의 역사를 일으키신 것이 확실해 보입니다. 그곳에 있는 하나님의 백성들이 영적 기쁨을 누리며 잘 성장하도록 힘이 닿는 대로 최선을 다하고 싶은 마음이 생겨나는군요. 자매님께서 신앙생활을 해나가는 방법에 관한 지침을 보내달라고 요청했는데 그에 대한 대답을 적으려고 합니다. 이 내용은 자매의 친구이자 동료요, 또 하나님의 자녀인 다른 이들에게도 똑같이 적용됩니다. 따라서 기회가 되는 대로 그들에게도 내 말을 전해 주었으면 좋겠습니다.

1. 간절히 사모하십시오

회심하기 전 자연인이었던 시절, 구원을 간절히 원했던 모습을 기억해 보십시오. 신앙생활을 시작한 지금도 그때와 마찬가지로 구원에 대한 진지한 열정을 유지시키길 바랍니다. 나는 사람들이 자신의 죄를 깨닫고 천국을 간절히 사모하기를 소망하고 있지만, 회심한 이후에도 항상 깨어서 삶 전반을 살피는 노력을 계속해야 한다고 봅니다. 아니, 오히려 회심 이전보다 더욱더 열심을 내야 합니다. 왜냐하면 그리스도인으로서 해야 할 것과 하지 말아야 할 일들이 생겼기 때문입니다. 그리스도를 영접한 뒤 생생하고 은혜롭게 영적인 일을 생각하다가, 불과 몇 달도 못 되어 그걸 잃어버리고 다시 냉랭하고 무지한 상태로 되돌아간 사람들이 많습니다. 그리고 많은 근심으로 스스로를 찌르는 삶을 살아가지요.

바울 사도는 "내가 이미 얻었다 함도 아니요 온전히 이루었다 함도 아니라 오직 내가 그리스도 예수께 잡힌 바 된 그것을 잡으려고 달려가노라 형제들아 나는 아직 내가 잡은 줄로 여기지 아니하고 오직 한 일 즉 뒤에 있는 것은 잊어버리고 앞에 있는 것을 잡으려고 푯대를 향하여 그리스도 예수 안에서 하나님이 위에서 부르신 부름의 상을 위하여 달려가노라"(빌 3:12-14)라고 말했습니다. 회심의 기쁨을 잃은 사람들이 이 권면을 따랐다면 그들의 길 역시 새로 돋은 햇살과 같이 크게 빛나 한낮의 광명에 이르렀을 것입니다.

2. 기도하십시오

아직 그리스도를 영접하지 않은 사람들에게 힘써 은혜를 구하며 기도하라고 말할 수 있습니다. 그러나 회심한 이후에도 같은 열심을 내어 기도에 힘을 기울여야 합니다. 기도를 게을리해서는 안 됩니다. 눈이 밝게 열리고 스스로의 참 모습을 깨달아 하나님의 발 앞에 엎드리도록, 그리고 하나님의 영광과 그리스도를 바라볼 수 있도록, 죽음에서 살리심을 받고 하나님의 사랑을 부어 달라고 꾸준히 기도하기 바랍니다.

이미 이런 은혜들을 많이 경험했다고 하더라도 결단코 기도를 중단해서는 안 됩니다. 왜냐하면 우리 안에는 여전히 교만과 강퍅함과 죽음과 영적 무지가 아직도 많이 남아 있기 때문입니다. 하나님께서 끊임없이 역사하셔서 우리를 깨우치시고 활력을 불어넣어 주시도록 기도해야 합니다. 우리를 어두운 데서 불러내 하나님의 기이한 빛에 들어가게 하시고, 날마다 새로운 마음을 주셔서 죽은 자들 가운데서 부활하는 역사가 일어나도록 기도해야 하겠습니다. 이런 일은 비단 회심하지 않은 사람뿐 아니라 경건한 신자에게도 똑같이 적용됩니다.

3. 말씀을 적용하십시오

예배 시간에 설교를 들을 때는 내 자신에게 하는 말씀으로 받아들여야 합니다. 내용상 비 그리스도인이나 나와는 다른 사람들에게 좀 더 적합한 말씀일 수도 있습니다. 하지만 그럼에도 설교를 통해 들은 말씀을 바로 나의 삶에 적용할 방법을 마음속으로 생각해야 할 것입니다. '어떻게 이 말씀을 적용해 내 영혼을 유익하게 할 수 있을까?'라고 자문해야 합니다.

4. 자신을 돌아보십시오

바울 사도가 마음을 늘 겸손하게 유지하기 위해 가지던 습관이 하나 있습니다. 바로 하나님을 모독했던 지난날, 신자들을 해치고 박해했던 죄악을 떠올리는 것이지요. 우리도 회심 전에 지은 죄를 종종 생각해야 합니다. 물론 하나님께서는 지난날의 죄를 용서하고 다 잊으셨습니다. 하지만 그럼에도 본인은 그것을 잊어서는 안 됩니다. 이집트의 노예가 되어 비참하게 살았던 때를 자주 떠올려야 합니다.

사도 바울은 자신이 사도 중에 가장 작은 자, 곧 사도라 일컬음을 받을 자격이 없는 자요 죄인들의 괴수라고 고백했습니다. 생각난다면 자신이 지은 옛 죄를 하나님께 종종 아뢰는 것도 좋습니다. "이는 내가 네 모든 행한 일을 용서한 후에 네가 기억하고 놀라고 부끄러워서 다시는 입을 열지 못하게 하려 함이니라 주 여호와의 말씀이니라"(겔 16:63)라는 말씀을 자주 묵상하기를 권하고 싶습니다.

5. 주님께 의지하십시오

그리스도를 영접한 후에 지은 죄를 회개할 때는 회심 이전의 죄보다 수천 배나 더 겸손한 태도로 깊이 뉘우쳐야 마땅합니다. 왜냐하면 회심을 통해 하나님을 위해 살아야 할 의무가 주어졌기 때문입니다.

하지만 그리스도께서는 항상 자애로운 은혜로 구원을 베푸시고, 말로 다 할 수 없는 영원한 사랑의 열매를 주시는 신실하신 분이십니다. 사실 우리에게는 아무런 자격이 없는데도 불구하고 주님은 회심한 이후에도 여전히 크고 놀라운 은혜를 늘 새롭게 부어 주십니다.

6. 겸손으로 마음을 지키십시오

스스로에게 남아 있는 죄를 기억하고 항상 겸손한 마음을 유지하시길 권면합니다. 한시라도 자신이 충분히 겸손해졌다고 생각해서는 안 됩니다. 물론 그렇다고 실망하거나 낙심할 필요는 없습니다. 우리의 죄는 참으로 크지만 성부 앞에서 우리를 대변하는 대언자, 곧 의로우신 예수 그리스도께서 계시기 때문입니다.

그분의 보배로운 피와 의로운 공로, 위대한 사랑과 신실하신 은혜는 태산처럼 높은 우리의 죄와 허물을 능히 뒤덮고도 남는다는 걸 기억하시기 바랍니다.

7. 정성을 다해 주님을 사랑하십시오

기도나 성찬식을 비롯해 예배의 자리로 나아갈 때는 막달라 마리아가 그리스도 앞에 나아갔던 모습을 생각하시길 바랍니다. 한때 마을에서 많은 죄를 지으며 살았던 그녀는 예수님이 한 바리새인의 집에서 식사를 하고 계신다는 소식을 듣고는 향유가 담긴 옥합을 들고 달려왔습니다. 그리고 예수님 앞에 엎드려 울면서 눈물로 그분의 발을 적셨고, 머리털로 그 발을 닦고 입을 맞춘 뒤에 향유를 부었습니다(눅 7:37, 38 참조).

막달라 마리아처럼 그리스도 앞에 나와 엎드려 입을 맞추십시오. 죄 많은 삶을 살았던 그녀가 옥합을 깨뜨려 순수하고 귀한 기름을 예수께 부어드린 것처럼 우리도 향기로운 기름과 같은 거룩한 사랑을 그분께 바쳐야 합니다.

8. 교만을 피하십시오

교만은 마음속에 숨어 있는 가장 끔찍한 독사입니다. 교만으로 인해 영혼의 평화와 그리스도와의 은혜로운 교통이 훼방을 받는다는 사실을 잊지 말아야 합니다. 교만은 최초의 죄였습니다. 따라서 사탄이 행하는 일의 저변에는 항상 교만이 도사리고 있습니다. 교만은 우리 속에 은밀히 숨어서 우리를 속이는 아주 교묘한 정욕입니다. 그래서 근절하기가 가장 어렵습니다. 교만은 때로 겸손으로 가장하다가 우리가 미처 의식하지 못하는 틈을 이용해 믿음을 파괴합니다.

9. 늘 주님 앞에 바로 설 수 있기를 구하십시오

스스로의 영적 상태를 객관적으로 판단할 수 있기를 바랍니다. 그러려면 먼저 나 자신을 그리스도 앞에서 어린아이처럼 가장 작고 낮게 만들어야 합니다. 또 하나님 앞에서 스스로를 부인하며 그분을 위해 나를 온전히 바치기를 바라는 확고하고도 온전한 마음을 날마다 일으켜야 할 것입니다. 우리를 이런 태도로 이끄는 행위와 경험이 있다면 주저 없이 행하기 바랍니다.

10. 영적 상태를 점검하십시오

영적 침체를 지나고 있다는 의구심이 들었다면 지난 행위들을 점검해야 합니다. 그러나 침체로 인해 심령이 둔해진 상태에서 가장 은혜롭고 아름다웠던 지난 경험들과 현재 자기 상태를 오랜 시간 비교하는 것은 바람직하지 않습니다. 혼란스런 생각을 정리하려고 지나치게 많은 시간과 노력을 기울일 필요는 없습니다. 그보다는 온 힘을 다해 새로운 빛과 새로운 믿음, 사랑의 행위를 진지하게 추구하는 편이 더 낫습니다. 그리스도의 얼굴을 바라며 그분의 빛나는 영광을 발견하십시오. 자신이 가장 밝고 활발했던 시절을 기준으로 삼아 점검하더라도 어둠과 의심의 먹구름은 걷히지 않을 것입니다. 하지만 깊은 샘처럼 흘러넘치는 그분의 은혜와 사랑을 새롭게 경험한다면 먹구름은 순식간에 산산이 흩어질 것입니다.

11. 주님을 향한 사랑이 늘 타오르게 하십시오

자신 안에서 은혜가 희미해지고 부패한 본성이 다시 우세해질 때가 있습니다. 그래서 두려움이 또다시 밀물처럼 엄습할 수 있지요. 그럴 때에는 마음속에 사랑의 불씨를 되살려 활활 타오르게 만든다면 두려움은 반드시 내쫓길 것입니다. 하나님의 섭리에 따르면 우리는 오직 이 방법으로만 두려움에 맞설 수 있게 되어 있습니다. 그리스도인들은 사랑이 식으면 다시 죄의 길로 행할까 봐 자연히 두려움을 느낍니다. 그러나 사랑이 활발하게 역사하면 더 두려워할 필요가 없습니다. 아침에 햇빛이 옅게 비치다가 시간이 가며 점점 강렬해지면 방 안의 어둠이 저절로 사라지는 것과 같은 이치입니다. 마음속에서 사랑이 강하게 타오르면 두려움은 자연히 사라집니다. 성경은 "사랑 안에 두려움이 없고 온전한 사랑이 두려움을 내쫓나니 두려움에는 형벌이 있음이라 두려워하는 자는 사랑 안에서 온전히 이루지 못하였느니라"(요일 4:18)라고 말씀합니다.

12. 주위를 돌아보고 옳은 일을 권면하십시오

특히 요즘 같은 시대에는 서로를 향한 권고와 조언과 경고의 말이 많이 필요합니다. "모이기를 폐하는 어떤 사람들의 습관과 같이 하지 말고 오직 권하여 그 날이 가까움을 볼수록 더욱 그리하자"(히 10:25)라는 말씀처럼 시대가 은혜로부터 역행할 때 그리스도인들은 이에 맞서 더욱 하나님께 순종해야 합니다. 특별히 어린아이들, 자매님과 같은 젊은 여성들에게 관심을 기울여 주기를 당부하고 싶습니다.

권고하는 이들이 남자들일 때는 그들과 따로 이야기하거나 젊은 친구들만 함께 있을 때에 이야기하시기 바랍니다.

성경은 "또 이와 같이 여자들도 단정하게 옷을 입으며 소박함과 정절로써 자기를 단장하고 땋은 머리와 금이나 진주나 값진 옷으로 하지 말고 오직 선행으로 하기를 원하노라 이것이 하나님을 경외한다 하는 자들에게 마땅한 것이니라 여자는 일체 순종함으로 조용히 배우라"(딤전 2:9-11)라고 말씀합니다.

13. 견책하되 사랑으로 하십시오

다른 사람들에게 조언과 권고의 말을 건넬 때는 진지하면서 자상하고, 자애로운 태도를 취하기를 바랍니다. 비슷한 또래의 친구들에게 권면할 때는 자신 역시 부족하지만 하나님의 주권적인 은혜를 통해 새롭게 변화되었다는 말을 잊지 말아야 합니다. 선한 양심을 가지고 자기가 그들보다 더 부족하다는 것을 스스럼없이 인정하기를 당부하고 싶습니다.

14. 형제 자매들과 교제하십시오

경건한 다른 젊은이들과 이따금 모임을 갖고 믿음을 나눈다면 신앙생활에 매우 유익하고 바람직할 것이라고 생각합니다.

15. 주님과의 특별한 만남의 시간을 가지십시오

갑작스런 어려움에 봉착했거나 특별한 은혜가 필요하다는 생각이 들면 날을 정해 홀로 은밀히 금식하며 기도하는 것이 좋습니다. 그날에는 자신이 원하는 은혜를 구하기도 하고, 또 자기 마음과 지난날의 행실을 점검하면서 하나님 앞에 죄를 자복하는 시간을 가져야 합니다.

이렇게 개인적으로 하나님께 드리는 기도는 매우 특별한 경험이 될 것입니다. 어린 시절부터 지금까지 지내오면서 지은 죄를 떠올리며 아뢰고, 그 죄가 그동안 얼마나 더 심하게 악화되었는지도 아울러 고백하시기를 바랍니다. 마음속에 있는 온갖 가증스러운 죄를 최대한 구체적이고 철저하게 하나님 앞에 통회해야 합니다.

16. 세상보다 나은 크리스천이 되십시오

그리스도께서는 "너희가 너희를 사랑하는 자를 사랑하면 무슨 상이 있으리요 세리도 이같이 아니하느냐 또 너희가 너희 형제에게만 문안하면 남보다 더하는 것이 무엇이냐 이방인들도 이같이 아니하느냐 그러므로 하늘에 계신 너희 아버지의 온전하심과 같이 너희도 온전하라"(마 5:46-48)라고 말씀하셨습니다.

하나님의 자녀는 참으로 거룩해야 합니다. 구원받아 사랑과 은혜를 누리는 하나님의 자녀들은 그에 합당한 태도로 살아야 할 것입니다. 회심하지 않은 일반인들에 비해 조금도 나은 점이 없다고 비방받을 빌미를 제공해서는 안 됩니다.

특히 하나님의 어린 양이신 예수 그리스도를 닮은 삶이 되도록 많은 관심을 기울이길 바랍니다. 예수 그리스도처럼 마음이 온유하고 겸손하며, 조건 없는 사랑을 모두에게 베풀어야 합니다. 다른 사람들을 이와 같은 사랑으로 대하고, 자신보다 다른 사람들의 유익을 먼저 생각하십시오. 누구를 대하든지 자신보다 더 낫다고 여기는 자세가 필요합니다.

17. 고귀한 품성을 기르십시오

경박한 언행으로 믿음의 일을 거론할 수는 없는 일입니다. 요즘에는 많은 곳에서 그런 일이 흔히 일어난다고 알고 있습니다. 믿음의 경험이나 신앙에 관한 일을 농담거리로 삼는 것은 결코 옳지 않습니다.

18. 모든 일에 주님과 동행하십시오

모든 순간마다 연약한 어린아이처럼 그리스도의 손을 붙잡기 바랍니다. 우리는 그분의 손과 옆구리에 난 상처를 바라보며 그분을 좇아야 합니다. 그 상처에서 보혈이 흘러나와 우리의 죄를 깨끗이 씻어주었습니다. 우리는 본래 벌거벗은 자였으나 찬란하게 빛나는 그리스도의 의로운 옷으로 가려진 바 되었습니다.

19. 교회를 위해 기도하십시오

하나님의 교회를 위해 열심히 기도해야 합니다. 죄인을 구원하는 하나님의 영광스러운 사역이 계속되도록 기도하고, 목회자와 사역자들을 위해서도 기도해 주십시오.

20. 당신의 목자를 위해 기도하십시오

아울러 자매님이 홀로 기도할 때나 동료들과 함께 모였을 때 나를 위해 특별히 기도해 달라고 부탁하고 싶습니다. 왜냐하면 나는 여러분으로 인해 기쁨을 얻는, 예수 그리스도 안에서 여러분을 섬기는 종이자 사랑스러운 친구이기 때문입니다.

조나단 에드워즈 드림

"범사에 헤아려 좋은 것을 취하고 악은 어떤 모양이라도 버리라 평강의 하나님이 친히 너희를 온전히 거룩하게 하시고 또 너희의 온 영과 혼과 몸이 우리 주 예수 그리스도께서 강림하실 때에 흠 없게 보전되기를 원하노라"(살전 5:21-23).

사명선언문

너희가 흠이 없고 순전하여……세상에서 그들 가운데 빛들로
나타내며 생명의 말씀을 밝혀 _ 빌 2:15-16

1. 생명을 담겠습니다
만드는 책에 주님 주신 생명을 담겠습니다.
그 책으로 복음을 선포하겠습니다.

2. 말씀을 밝히겠습니다
생명의 근본은 말씀입니다.
말씀을 밝혀 성도와 교회의 성장을 돕겠습니다.

3. 빛이 되겠습니다
시대와 영혼의 어두움을 밝혀 주님 앞으로 이끄는
빛이 되는 책을 만들겠습니다.

4. 순전히 행하겠습니다
책을 만들고 전하는 일과 경영하는 일에 부끄러움이 없는
정직함으로 행하겠습니다.

5. 끝까지 전파하겠습니다
모든 사람에게, 땅 끝까지, 주님 오시는 그날까지
복음을 전하는 사명을 다하겠습니다.

서점 안내

광화문점 서울시 종로구 새문안로 69 구세군회관 1층
02)737-2288 / 02)737-4623(F)

강남점 서울시 서초구 신반포로 177 반포쇼핑타운 3동 2층
02)595-1211 / 02)595-3549(F)

구로점 서울시 동작구 시흥대로 602, 3층 302호
02)858-8744 / 02)838-0653(F)

노원점 서울시 노원구 동일로 1366 삼봉빌딩 지하 1층
02)938-7979 / 02)3391-6169(F)

일산점 경기도 고양시 일산서구 중앙로 1391 레이크타운 지하 1층
031)916-8787 / 031)916-8788(F)

의정부점 경기도 의정부시 청사로47번길 12 성산타워 3층
031)845-0600 / 031)852-6930(F)

인터넷서점 www.lifebook.co.kr